Cahiers français

Directrice de la publication
Anne Duclos-Grisier

Responsable éditorial
Julien Winock

Équipe éditoriale
Jérôme Castelot, Pauline Vaubrun, Stéphane Violet

Conception graphique et mise en page
Nicolas Bessemoulin, Éliane Rakoto

Contacter la rédaction
cahiersfrancais@dila.gouv.fr

Impression
DILA

Crédits photos :
Photo de couverture
© ADOBE STOCK / ANGEL

Diffusion : Dilisco.

IMPACT-ÉCOLOGIQUE
www.dila.premier-ministre.gouv.fr

PIC D'OZONE 186 mg eq C_2H_4
IMPACT SUR L'EAU 2 g eq PO_4^{3-}
CLIMAT 639 g eq CO_2
Pour un ouvrage

Cet imprimé applique l'affichage environnemental.

Édito

Comment protéger la démocratie ?

Fruit de longues constructions, les démocraties occidentales ont donné une image de stabilité durant la seconde moitié du XXe siècle. Plusieurs phénomènes nous invitent cependant à penser que les libertés et les principes qu'elles s'emploient à garantir et à faire vivre ne sont pas inaltérables. Comme nombre de ses homologues, la démocratie française est confrontée à plusieurs défis, à commencer par la défiance d'une partie des citoyens envers le pouvoir, ce qui alimente une remise en question des institutions et du système représentatif. Comment ainsi restaurer la confiance entre les dirigeants et les citoyens, et répondre à l'attente d'une plus grande participation de ces derniers aux décisions politiques ? Face à la montée du populisme et des extrémismes, l'enjeu est de taille.

La persistance des inégalités sociales, source de contestation, la nécessaire transition écologique, à rebours du modèle productiviste qui a favorisé la croissance des sociétés occidentales, le danger terroriste, s'attaquant aux valeurs fondatrices des États de droit, ou encore l'incroyable développement des technologies, rendant nécessaire un encadrement des pratiques (IA, surveillance, collecte des données…), sont autant de menaces et de bouleversements auxquels les démocraties sont confrontées. Révélant toute la complexité des questions soulevées, ce dossier tente de mettre en lumière les défis qu'elles recèlent en s'attachant à cerner les diverses solutions envisageables afin de les relever.

En dehors de ce dossier, nous consacrons un article à la lutte contre le trafic de drogue et abordons la question des déserts médicaux. Nous faisons également le point sur les fonctions du Parlement européen avant de revenir sur les jeux Olympiques de Paris 1924, dont nous fêtons le centenaire.

Cahiers français

DÉCLARATION
DES DROITS DE L'HOMME
ET DU CITOYEN,
Décretés par l'Assemblée Nationale dans les séances des 20, 21
23, 24 et 26 aoûst 1789, acceptés par le Roi
PRÉAMBULE
LES représantans du peuple François, constitués en assemblée nationale, considérant que l'ignorance, l'oubli ou le mépris des droits de l'homme sont les seules causes des malheurs publics et de la corruption des gouvernemens ont résolu d'exposer dans une déclaration solemnelle, les droits naturels, inaliénables et sacrés de l'homme, afin que cette déclaration, constamment présente à tous les membres du corps social, leur rappelle sans cesse leurs droits et leurs devoirs, afin que les actes du pouvoir législatif et ceux du pouvoir exécutif, pouvant être à chaque instant comparés avec le but de toute institution politique, en soient plus respectés; afin que les réclamations des citoyens, fondées désormais sur des principes simples et incontestables, tournent toujours au maintien de la constitution et du bonheur de tous.
EN conséquence, l'assemblée nationale reconnoit et déclare, en présence et sous les auspices de l'Etre suprême les droits suivans de l'homme et du citoyen.
ARTICLE PREMIER
LES hommes naissent et demeurent libres et égaux en droits; les distinctions sociales ne peuvent être fondées que sur l'utilité commune.
II.
LE but de toute association politique est la conservation des droits naturels et imprescriptibles de l'homme; ces droits sont la liberté, la propriété, la sureté, et la résistance à l'oppression.
III.
LE principe de toute souveraineté réside essentiellement dans la nation, nul corps, nul individu ne peut exercer d'autorité qui n'en émane expressement.
IV.
LA liberté consiste a pouvoir faire tout ce qui ne nuit pas à autrui. Ainsi, l'exercice des droits naturels de chaque homme, n'a de bornes que celles qui assurent aux autres membres de la société la jouissance de ces mêmes droits; ces bornes ne peuvent être déterminées que par la loi.
V.
LA loi n'a le droit de défendre que les actions nuisibles a la société. Tout ce qui n'est pas défendu par la loi ne peut être empêché, et nul ne peut être contraint à faire ce qu'elle n'ordonne pas.
VI.
LA loi est l'expression de la volonté générale; tous les citoyens ont droit de concourir personnellement, ou par leurs représentans, à sa formation; elle doit être la même pour tous, soit qu'elle protege, soit qu'elle punisse. Tous les citoyens étant égaux à ses yeux, sont également admissibles a toutes dignités, places et emplois publics, selon leur capacité, et sans autres distinction que celles de leurs vertus et de leurs talens
VII.
NUL homme ne peut être accusé, arrêté ni détenu que dans les cas déterminés par la loi, et selon les formes qu'elle à prescrites, ceux qui sollicitent, expédient, exécutent ou font exécuter des ordres arbitraires, doivent être punis; mais tout citoyen appelé ou saisi en vertu de la loi, doit obéir a l'instant, il se rend coupable par la résistance.
VIII.
LA loi ne doit établir que des peines strictement et évidemment nécessaire, et nul ne peut être puni qu'en vertu d'une loi établie et promulguée antérierement au délit, et légalement appliquée.
IX.
TOUT homme étant présumé innocent jusqu'à ce qu'il ait été déclaré coupable, s'il est jugé indispensable de l'arrêter, toute rigueur qui ne serait pas nécessaire pour s'assurer de sa personne doit être sévérement réprimée par la loi.
X.
NUL ne doit être inquiété pour ses opinions, mêmes religieuses pourvu que leur manifestation ne trouble pas l'ordre public établi par la loi.
XI.
LA libre communication des pensées et des opinions est un des droits les plus precieux de l'homme; tout citoyen peut dont parler écrire, imprimer librement: sauf à répondre de l'abus de cette liberté dans les cas déterminés par la loi.
XII.
LA garantie des droits de l'homme et du citoyen nécessite une force publique; cette force est donc instituée pour l'avantage de tous, et non pour l'utilité particuliere de ceux a qui elle est confiée
XIII.
POUR l'entretien de la force publique, et pour les dépenses d'administration, une contribution commune est indispensable; elle doit être également répartie entre les citoyens en raison de leurs facultées
XIV.
LES citoyens ont le droit de constater par eux même ou par leurs représentans, la nécessité de la contribution publique, de la consentir librement, d'en suivre l'emploi, et d'en déterminer la quotité, l'assiette, le recouvrement et la durée.
XV.
LA société a le droit de demander compte a tout agent public de son administration.
XVI.
TOUTE société, dans laquelle la garantie des droits n'est pas assurée, ni les séparation des pouvoirs déterminée, n'a point de constitution
XVII.
LES propriétés étant un droit inviolable et sacré, nul ne peut en être privé, si ce n'est lorsque la nécessité publique, légalement constatée, l'exige evidemment, et sous la condition d'une juste et préalable indemnité.
AUX REPRESENTANS DU PEUPLE FRANCOIS

Sommaire

→ Retrouvez l'univers *Cahiers français* sur **www.vie-publique.fr/cahiers-francais**
→ **Les fiches** au format mobile

ON-OFF

Politiques publiques

La lutte contre le trafic de drogue à ciel ouvert

Ce qui marche et ce qui ne marche pas

Sebastian Roché
Politologue spécialiste de la police, directeur de recherche au CNRS et professeur à Sciences Po Grenoble, auteur de l'ouvrage *De la police en démocratie*[1]

Le terme « drogue » désigne un produit psychoactif, naturel ou synthétique, utilisé par une personne en vue de modifier son état de conscience ou d'améliorer ses performances, selon l'Observatoire français des drogues et des tendances addictives (OFDT). Dans le langage commun ou juridique, la « drogue » renvoie aux substances illégales, par opposition à d'autres substances tels l'alcool, la nicotine ou les médicaments psychotropes.

Les enjeux de la lutte contre les marchés de la drogue sont multiples : santé, tranquillité publique, criminalité violente, corruption des douaniers et des policiers. « L'infiltration de nos sociétés par les réseaux criminels dépasse toutes les fictions », affirme Laure Beccuau, procureure de la République à Paris[2]. Johny-Angel Butera décrit les perturbations induites par ces marchés aux États-Unis[3], et elles sont très semblables de ce côté de l'Atlantique : troubles de la tranquillité publique, occupation d'espaces publics ou de cages d'escalier dans les bâtiments, déchets et salissures, vols et cambriolages ou locaux forcés, infractions à la législation sur les armes, mais aussi agressions et homicides. De plus, la qualité de vie des résidents diminue avec une augmentation du sentiment d'insécurité, un renforcement de l'entrave aux commerces légaux et une dégradation de la réputation du quartier.

Trafics et violence : un lien avéré

Aux États-Unis, de nombreuses études documentent les risques propres au commerce de la drogue. À Miami, par exemple, l'activité liée à la drogue a une incidence flagrante sur les crimes violents. Les membres de gangs qui vendent de la drogue sont significativement plus violents que ceux qui n'en vendent pas et le fait de résider dans un quartier plus défavorisé intensifie leur violence[4].

S'il a été démontré qu'il existait aux États-Unis dans les années 1990 un lien étroit entre les marchés de drogues illicites et les homicides, il n'en était pas de même en Europe au début des années 2000, constataient les criminologues et sociologues Graham C. Ousey et Matthew R. Lee[5]. Mais plusieurs études suggèrent que les choses ont désormais changé de ce côté-ci de l'Atlantique. En Finlande, la géographie des tirs et des marchés à ciel ouvert se révèle peu différente de celle observée aux États-Unis. Des spécialistes ont dressé le constat suivant : « (...) la violence armée dans deux grandes villes suédoises, Stockholm et Malmö, est largement concentrée sur les marchés de la drogue en plein air. Cette concentration est encore plus prononcée lorsque les marchés de la drogue sont situés dans des quartiers vulnérables[6]. » Ces quartiers vulnérables sont par définition les plus défavorisés. Comme le démontre une étude d'Ivana Obradovic et Thomas Néfau[7], en France, la proportion d'initiés à la cocaïne parmi les 15-30 ans est aujourd'hui deux fois plus importante qu'il y a dix ans, et le phénomène touche à présent les zones rurales et périurbaines ; une analyse confirmée en 2023 par l'OFDT[8].

La France est dans le groupe des cinq pays européens qui consomment le plus de cocaïne[9]. Mais, curieusement, il n'existe pas de travaux statistiques sur les délits associés au trafic de drogue en dehors d'une brève description qui n'inclut pas les homicides[10]. Or différents indices laissent penser qu'un lien entre marchés à ciel ouvert et homicides pourrait exister. Ainsi, à Marseille, en 2021, les médecins relevaient 31 morts par balles, dont une mère de famille en bas de chez elle. En 2023, 49 personnes ont été tuées, dont la quasi-totalité par balles (*Le Monde*, 15 janvier 2024). Ce serait plus du double par rapport à la période 2015-2016. Les décès sont concentrés dans les quartiers nord de Marseille (3e, 13e, 14e, 15e et 16e arrondissement[11]).

> “ *La France est dans le groupe des cinq pays européens qui consomment le plus de cocaïne*

Les obstacles à la lutte contre la drogue

Les « points de deal », ou marchés de la drogue à ciel ouvert, se multiplient, et avec eux les effets indésirables mentionnés plus haut.

La tentation de la réponse morale et guerrière

Perturber l'approvisionnement a deux objectifs : d'une part, réduire les troubles publics et, d'autre part, faire augmenter le coût de l'approvisionnement (le prix des drogues et le temps que les usagers doivent consacrer à la recherche de ces stupéfiants). D'un côté, les douanes opèrent des contrôles aux frontières qui s'ajoutent à ceux des policiers. Les quantités de cocaïne et de crack saisies sont passées en vingt-cinq ans de 0,9 (1997) à 27,7 tonnes (2022[12]). De l'autre, la police mène des enquêtes sur les distributeurs afin qu'ils soient emprisonnés, et monte des opérations « coup de poing » à la fois pour donner un sentiment de sécurité et pour gêner la vente au détail. Ces opérations sont largement mises en avant par les autorités. En 2005, le ministre de l'Intérieur, Nicolas Sarkozy, avait annoncé vouloir « nettoyer [les cités] au Kärcher » ; le président François Hollande, quant à lui, avait fait valoir sa « stratégie de reconquête républicaine ». Gérald Darmanin parle de « pilonnage des

Le 3 mai 2023, des habitants de la Joliette (Marseille) ont participé à une marche blanche en hommage aux trois enfants victimes des règlements de comptes dans ce quartier
© SOPA IMAGES/SIPA

points de deal » et crie victoire : début 2023, sur 4 034 recensés, « plus de 700 points de deal ont été démantelés depuis janvier 2021 » ; ce montant est passé à 1 000 au début de l'année 2024 à l'échelle de la France. Ce serait près d'un quart des marchés à ciel ouvert qui auraient disparu, et à Paris plus d'un tiers[13].

Mais tous ne voient pas les choses de manière aussi optimiste. En novembre 2023, *Le Figaro* rapporte ainsi la déconvenue des policiers niçois : lors d'un vaste coup de filet sont mis sous les verrous pas moins de quatorze individus, et saisis 195 kilogrammes de cannabis, 900 grammes de cocaïne et 123 000 euros en liquide. Mais, moins de 24 heures plus tard, moyennant quelques tirs de Kalachnikov, le terrain est occupé à nouveau et « le trafic de drogue a déjà repris comme si de rien n'était[14] ».

Le diagnostic établi par les études universitaires

Les experts signalent les limites de l'approche actuelle face au trafic de drogue à ciel ouvert. Ils soulignent plusieurs points. D'abord, le volume des saisies policières et douanières leur paraît un médiocre indicateur de réussite. Les saisies de cocaïne en France sont bien à un niveau particulièrement élevé : 27,7 tonnes en 2022, contre 5,6 tonnes en 2012 et 1,3 tonne en 2000, selon le ministère de l'Intérieur (OFDT, 2023). Pour autant, rapportées à l'ampleur du marché illégal, en continuelle expansion, ces saisies demeurent insuffisantes et rien en outre ne permet de penser que ces dernières entravent véritablement le marché. En effet, « [m]algré l'augmentation des saisies, la disponibilité et l'accessibilité sur le territoire ne faiblissent pas », soulignaient déjà Obradovic et Néfau sur la base des données de 2017, une tendance confirmée aujourd'hui.

Le commerce de la drogue est une activité économique. Lorsqu'un produit demandé se fait plus rare, il devient plus cher : ainsi, pendant le confinement, l'Office anti-stupéfiants (Ofast), nouvellement opérationnel, estime les stocks à dix jours avant pénurie, provoquant une augmentation « massive » des prix [15]. Le prix de vente est le meilleur indicateur de la vitalité du trafic. « [A]fin de savoir si la politique répressive est efficace au regard des ressources qui lui sont allouées, il convient de voir si le risque judiciaire incite le trafiquant revendeur à imposer une prime de risque sur son prix de vente et ainsi rendre son produit moins attractif car plus cher. À la vue de l'évolution des prix des principaux stupéfiants en France [...] il semble que non », explique l'économiste Christian Ben Lakhdar [16]. En d'autres termes, malgré une intensification de la répression, les produits voient baisser leurs prix. Celui de la cocaïne a même été divisé par 4,5 en trente ans. Alors qu'en 1990 le prix du gramme se situait dans une fourchette de 1 200 à 1 500 francs, son prix courant est aujourd'hui compris entre 50 et 70 euros le gramme, soit « le plus bas jamais enregistré », note l'OFDT dans son rapport de mars 2023.

Les universitaires américains ont, dans leur ensemble, été critiques à propos de la « guerre à la drogue », parce qu'elle est « vendue » au public comme un nécessaire sursaut moral, au détriment d'une approche réaliste susceptible d'améliorer la situation et de préserver la vie. Dans un article de synthèse, trois médecins de l'hôpital Saint-Paul au Canada déplorent que, sur le terrain, le travail de police et celui visant à réduire les risques se heurtent très fréquemment [17]. On ne peut facilement les concilier. C'est pourquoi, dans le grand journal médical *The Lancet*, cette politique a été qualifiée de « désastre pour la santé publique [18] ». Et, en

Saisie d'herbe et de résine de cannabis par les douanes françaises au péage de La Turbie (Alpes-Maritimes), le 19 mai 2020

France, Christian Ben Lakhdar a une opinion proche : « Les objectifs des politiques répressives sont irréalistes : alors qu'un monde sans drogue ne peut raisonnablement exister, un monde où les conséquences négatives de la consommation de drogues sont minimisées peut, lui, exister grâce à la réduction des risques et des dommages[19]. » Effectivement, le nombre de décès par surdose (tous produits confondus) augmente : c'est 35 cas en 2021, contre 29 en 2019 et 19 en 2017, selon la préfecture de police à Paris.

Des actions efficaces contre les marchés de la drogue semblent possibles

En 2007 a été publiée la première méta-analyse[20] des effets de l'application de la loi pénale (des arrestations par la police et de la « police à haute visibilité »). Il s'agit d'une synthèse des effets mesurés par un ensemble d'enquêtes quantitatives sélectionnées selon la rigueur du protocole de recherche utilisé.

Les évaluations mettent en garde contre l'inefficacité des opérations «coup de poing»

Les approches favorisées par la police consistent à apporter une réponse rapide aux appels qui arrivent au fil de l'eau, à monter des opérations de répression (des raids à haute visibilité), visant à la confiscation des stocks de drogue, à l'arrestation des vendeurs et à la mise en garde aux acheteurs potentiels contre les risques de sanction encourus. Les résultats de ces mesures sont décevants, car les effets escomptés ne sont pas au rendez-vous, hormis à très court terme. En 2011, une analyse longitudinale sur les effets de la politique répressive dressait déjà ce constat : aucun indice ne laisse penser que « le renforcement de la répression des infractions en matière de drogue permette de réduire la violence sur le marché de la drogue[21] ». Et, dix ans plus tard, le criminologue Yvon Dandurand confirme l'état des lieux à partir d'une revue de littérature portant sur 53 évaluations d'impact[22]. Au mieux, on obtient des effets de courte durée, car les trafiquants de drogue réagissent en changeant de stratégie, et le sentiment de sécurité des résidents ne s'en trouve pas amélioré. De plus, l'auteur démontre que modifier les caractéristiques sociales et physiques des sites du marché de la drogue afin de les rendre moins attrayants pour les dealers et les consommateurs n'est pas efficace.

> “ *Les résultats de ces mesures sont décevants*

Plus encore que de manquer d'efficacité, les mesures en question seraient même contre-productives. Plusieurs analyses alertent du fait que la violence sur le marché de la drogue augmente souvent avec l'intensification de la répression. Dix des 11 études (91 %) citées par Dandurand ont établi un lien notable entre la répression des actions liées au trafic de drogue et la violence associée à ce dernier : « Les données existantes suggèrent que la violence armée et les taux élevés d'homicides sont probablement une conséquence inévitable de la prohibition des drogues et que la perturbation des marchés de la drogue peut paradoxalement accroître la violence. » Car les commerçants ne sont pas passifs : ils adoptent des stratégies défensives. Si des acteurs clés se retirent du marché de la drogue, le vide est comblé par des figures montantes qui ont recours à la violence pour s'établir.

L'invention de nouvelles approches qui donnent des résultats : l'exemple américain

Les villes américaines se sont alors mises à la recherche d'une approche plus prometteuse.

Intervention de policiers dans le hall d'un immeuble criblé de balles à la suite d'un règlement de comptes sur un point de deal. Dijon, 27 novembre 2023

Elle repose sur une véritable stratégie plutôt que sur l'utilisation opportuniste des pouvoirs de police lorsque l'occasion se présente. Cela suppose une capacité de coordination des différentes agences publiques.

Cette méthode s'inspire de l'opération « Cessez-le-feu », qui a été déployée pour la première fois en mai 1996 à Boston. Il s'agit d'une stratégie coordonnée à l'échelle de la ville visant à dissuader les jeunes et les gangs de commettre des actes de violence avec des armes à feu, en intervenant au point culminant par le biais d'une dissuasion ciblée. Le système « Cessez-le-feu » organise des interventions reposant sur la coordination de tous les services de la ville et mobilisant les connaissances de chacun d'entre eux. Son objectif n'est ni de supprimer l'ensemble du marché de la drogue, ni même d'éradiquer le trafic de substances illicites dans un quartier spécifique, mais de limiter la concentration de la vente de drogue ainsi que les troubles et la criminalité qui l'accompagnent dans quelques endroits précis où une poignée de dealers actifs perturbe particulièrement la vie de la communauté. L'objectif est d'étudier le type de marché implanté pour concentrer l'action pénale uniquement sur les chefs et les membres les plus violents des gangs. Les autorités incarcèrent alors *uniquement* les délinquants les plus dangereux, aux lourds antécédents ou présentant une sérieuse propension à la violence. Les délinquants moins violents sont informés des charges retenues contre eux, mais ils se voient offrir la possibilité d'éviter l'incarcération s'ils cessent immédiatement leurs activités de vente de drogue. Ainsi, la police choisit d'exercer une pression forte sur un nombre relativement restreint de vendeurs de drogue. L'effet est net : une réduction de la criminalité violente de 14 % environ dans les zones cibles par rapport aux zones témoins.

C'est sur cette base qu'est construite la stratégie « *pulling levers* » ou « leviers » (également appelée « menace-sanction »). Il s'agit d'une réponse partenariale visant à perturber les marchés illégaux de la drogue au niveau de la rue. Cette approche repose sur les trois actions suivantes : identification, notification dissuasive et soutien. La méthode consiste à cibler un dossier criminel précis, puis à concentrer sur certains délinquants ou groupes de délinquants les sanctions, d'une part, les services sociaux et communautaires, d'autre part.

> *L'enjeu est d'établir un contact avec la famille du dealer*

Il s'agit ensuite d'instaurer un dialogue avec les personnes concernées et de les menacer en les prévenant qu'elles font l'objet d'une attention particulière. Enfin, des chercheurs et des acteurs de la société civile sont mobilisés pour contribuer à définir l'action et à mesurer son efficacité. Revenons sur un point original, l'utilisation de la menace : l'enjeu est d'établir un contact avec la famille du dealer et de l'informer que les actions de ce dernier sont connues. Le dealer sait alors qu'il a été observé en train de commettre des délits liés à la drogue et il lui est demandé de participer à une séance de notification « par téléphone », sans menace d'arrestation. Des membres de la communauté, des prestataires de services et la famille du dealer y assistent également. Un policier présente au dealer les preuves de ses crimes et lui lance un ultimatum : cesser la vente de drogue ou recevoir la sanction maximale encourue. En parallèle, et c'est tout aussi important, des ressources financières sont mises à disposition et un soutien est apporté par la collectivité locale. Disposant d'un certain délai pour cesser son activité, le dealer est mis en contact avec des travailleurs sociaux. Ces derniers ont pour mission de fournir une aide aux individus ainsi qu'à leurs familles (logement, emploi, éducation, santé et sécurité) pour favoriser l'abandon de l'activité illégale.

Cette stratégie a donné de bons résultats à High Point (Caroline du Nord) et à Nashville (Tennessee). La méthode s'est diffusée, et les évaluations ont fleuri, confirmant son efficacité.

La stratégie contre les marchés de la drogue reste à construire

Devant l'ampleur du commerce de drogue en France et les dommages associés, les élus affichent leur détermination et leur grande fermeté. Les acteurs du système pénal manifestent, eux, leur inquiétude quant à la capacité des administrations à y faire face. Les déclarations intransigeantes des gouvernants français contrastent avec la faible connaissance scientifique du phénomène. Leur ambition se trouve malheureusement freinée, faute d'une stratégie à l'efficacité démontrée.

En effet, en France, nous ne disposons ni de données précises ni d'analyse des marchés de la drogue à ciel ouvert. Et ce en dépit de la promesse faite par le ministre de l'intérieur Christophe Castaner, lors du lancement, à Marseille, en 2019, du Plan national de lutte contre les stupéfiants, d'« une lutte implacable [...] que nous devons pouvoir évaluer [...] suivre, jour après jour ». Comme l'explique Christian Ben Lakhdar, la statistique publique ne permet pas d'avoir une « idée claire des budgets publics attribués à la lutte contre les drogues illicites », car il n'est pas fait de distinguo entre drogues licites et illicites, tandis qu'évaluer les effectifs de police, de

Inauguration de l'Office anti-stupéfiants, le 11 février 2020, en présence de Christophe Castaner, ministre de l'Intérieur, et de Stéphanie Cherbonnier, cheffe de l'Ofast

© COME SITTLER/REA

gendarmerie, des douanes et de justice mobilisés contre les conduites addictives illégales « relève aussi de l'estimation ». Le manque de travaux d'évaluation des politiques policières et judiciaires en France empêche le Gouvernement d'évaluer réellement leur efficacité.

De plus, il y a urgence à prendre en compte les approches qui se révèlent efficaces. Mais cela suppose plusieurs conditions qui font défaut actuellement. D'abord, définir une stratégie et des objectifs précis – méthode qui déborde le cadre du système pénal et qui bouscule l'approche en silos – plutôt que se contenter de sanctionner au fil de l'eau les trafiquants interpellés. Ensuite, réussir suppose une meilleure coordination entre les élus locaux et les responsables du système pénal. Enfin, il est fondamental d'associer la société civile et les chercheurs à la définition des actions et à leur évaluation. Ce sont là trois défis de taille. •

Notes

[1] Paru chez Grasset, Paris, 2016.

[2] « Laure Beccuau, procureure de Paris : "L'infiltration de nos sociétés par les réseaux criminels dépasse toutes les fictions" », *Le Monde*, 18 novembre 2023.

[3] Johny-Angel Butera, « Approaches to Disrupting Street-Level, Open-Air Drug Markets », université d'Ottawa, département de criminologie, septembre 2013.

[4] Paul E. Bellair et Thomas L. McNulty, « Gang Membership, Drug Selling, and Violence in Neighborhood Context », *Justice Quarterly*, vol. 26, n° 4, décembre 2009, p. 644-669.

[5] Graham C. Ousey et Matthew R. Lee, « Examining the conditional nature of the illicit drug market-homicide relationship: A partial test of the theory of contingent causation », *Criminology*, vol. 40, n° 1, mars 2006, p. 73-102.

[6] Manne Gerell *et al.*, « Open drug markets, vulnerable neighbourhoods and gun violence in two Swedish cities », *Journal of Policing, Intelligence and Counter Terrorism*, vol. 16, n° 3, octobre 2021, p. 236. Traduction de l'auteur.

[7] Ivana Obradovic et Thomas Néfau, « La cocaïne en France, un marché en expansion : tendances actuelles et réponses publiques », *Psychotropes*, vol. 24, n°s 3-4, 2018, p. 83-110.

[8] « La cocaïne : un marché en essor. Évolutions et tendances en France (2000-2022) », Observatoire français des drogues et des tendances addictives (OFDT), mars 2023 ; https://medias.vie-publique.fr/data_storage_s3/rapport/pdf/288921.pdf.

[9] Ivana Obradovic et Thomas Néfau, *ibid.*

[10] Interstats (service statistique ministériel de la sécurité intérieure), « Les infractions associées aux mis en cause pour usage et trafic de stupéfiants entre 2016 et 2021 », Info rapide, n° 3, septembre 2022.

[11] Jérôme Fourquet, « Trafic de drogue : un enjeu de société devenu central », Fondation Jean Jaurès, Paris, 2022.

[12] « Les saisies des principaux produits stupéfiants depuis 1996 (nombre et quantités saisie) », OFDT, octobre 2018 ; « En 2023, les trafics de drogue toujours plus florissants et plus violents », *Les Échos*, 19 décembre 2023.

[13] Le nombre de points de deal recensés passe de 513 en décembre 2020 à 333 en décembre 2023, selon la préfecture de police.

[14] Nicolas Daguin, « À peine démantelé, l'un des plus gros points de deal de Nice tourne à nouveau à plein régime : "Ces gosses nous pourrissent la vie" », *Le Figaro*, 23 novembre 2023.

[15] « "Le trafic de drogue a diminué de 30 à 40 % durant le confinement", affirme Christophe Castaner », *Le Parisien*, 15 mai 2020.

[16] Christian Ben Lakhdar, « Coût-efficacité des politiques de gestion des conduites addictives en France », *Après-demain*, n° 44, octobre 2017, p. 36.

[17] Thomas Kerr, Will Small et Evan Wood, « The public health and social impacts of drug market enforcement: A review of the evidence », *International Journal of Drug Policy*, vol. 16, n° 4, août 2005, p. 210-220.

[18] Evan Wood *et al.*, « The war on drugs: a devastating public-policy disaster », *The Lancet*, vol. 373, n° 9668, mars 2009, p. 989-990.

[19] Christian Ben Lakhdar, *op. cit.*

[20] Lorraine Mazerolle, David W. Soole et Sacha Rombouts, « Street-Level Drug Law Enforcement: A Meta-Analytic Review », Campbell Systematic Reviews, mai 2007, vol. 3, n° 1, 47 p.

[21] Dan Werb *et al.*, « Effect of drug law enforcement on drug market violence: a systematic review », *International Journal of Drug Policy*, vol. 22, n° 2, mars 2011, p. 87.

[22] Yvon Dandurand, « Law Enforcement Strategies To Disrupt Illicit Drug Markets », 23 novembre 2021.

Dossier

Les défis de la démocratie

Pourquoi la démocratie est-elle en crise ?

Entretien avec Perrine Simon-Nahum
Directrice de recherche au CNRS,
professeure attachée au département de philosophie de l'ENS Ulm

Nos démocraties font l'objet de vives contestations. D'où vient cette « fatigue démocratique » ? Comment peut-on l'expliquer ? Et surtout, face à ce diagnostic, que peut-on faire pour réenchanter nos démocraties ?

Diriez-vous que l'on observe un désenchantement démocratique, que les mérites de la démocratie ne sont plus aussi flagrants ?

Oui, mais ce désenchantement n'est pas nouveau, nous le ressentons depuis une trentaine d'années. Sondage après sondage, on voit des partis extrêmes recueillir un nombre de suffrages croissant. On observe une montée des partis radicaux qui, comme on peut le lire dans leurs programmes, ont pour projet de bouleverser les institutions, voire de sortir du cadre démocratique. S'est installée ce que l'on appelle une forme de fatigue démocratique. On parle à cet égard de « désenchantement » et ce mot me semble intéressant, car il témoigne d'une conception erronée de la démocratie. La démocratie est un ensemble qui renvoie à la fois à des institutions, aux relations entre ces institutions, et à un mode d'être, un *ethos* citoyen. Mais, en réalité, on ne retient la plupart du temps de cet ensemble que la partie qui nous arrange, c'est-à-dire, me semble-t-il, uniquement les droits, les créances que nous avons à son égard, en oubliant nos propres devoirs, ce que soulignait la philosophe Simone Weil. Cela étant dit, certains événements récents devraient venir réenchanter la démocratie et nuancer ce sentiment. C'est la leçon que nous donnent aujourd'hui les Ukrainiens, qui n'hésitent pas à faire le sacrifice de leur vie pour la démocratie.

Depuis une quinzaine d'années, nous vivons une succession de crises de différente nature (terrorisme, covid; gilets jaunes, réforme des retraites en France...), les démocraties sont-elles suffisamment aguerries pour y faire face ?

Là encore, je pense que tout dépend du regard que l'on porte sur les démocraties, et je crois que nous devrions, là-dessus, changer à la fois d'agenda et de récit. Il me semble que la démocratie a prouvé sa faculté de résilience et même, au-delà, sa capacité à relever ces défis et d'y répondre, qu'il s'agisse de crises financières, économiques ou sociales. À la fin des années 1990, le mantra de la

« mondialisation heureuse » véhiculait l'idée que l'on pouvait finalement se passer du politique, que l'économique allait suppléer, apportant à chacun ce dont il avait besoin pour lui permettre d'atteindre ses aspirations. On s'aperçoit en réalité qu'il n'en est rien, et que les crises auxquelles nous avons été confrontés ont, au contraire, affirmé la centralité du politique et démontré l'impossibilité de régler les problèmes en dehors des institutions démocratiques. Les démocraties se sont montrées à la hauteur des enjeux, et l'exemple le plus parlant en est la crise de la Covid. J'ai été très choquée d'entendre que, face à la pandémie, le gouvernement français ou les démocraties occidentales étaient beaucoup moins efficaces que les Chinois, par exemple. C'est oublier que le gouvernent chinois a muré les gens dans leurs appartements, en les laissant mourir de faim… La politique zéro covid a d'ailleurs depuis montré ses limites. Il est vrai que la démocratie a tâtonné, que tout n'a pas été parfait. Ce fut le cas notamment s'agissant de l'équilibre à trouver entre les experts de santé publique et le Gouvernement. Pendant un moment, le Gouvernement a délégué une partie de son pouvoir aux experts du conseil scientifique mis en place le 10 mars 2020, avant de se rendre compte qu'une telle pratique n'était pas acceptable, pour des raisons symboliques et de représentation aux yeux de l'opinion. L'historien Stéphane Audoin-Rouzeau a très bien analysé ce processus en montrant comment la reprise en main de la conduite du pays par les dirigeants du pays nous ramenait à la période qui, après le déclenchement de la Première Guerre mondiale, vit le gouvernement français affirmer son autorité et tenir un discours de victoire. C'est ce qu'a fait le président Macron face à la pandémie. Les démocraties ont fait la démonstration de la capacité qui est la leur de répondre aux défis du moment. Seulement elles ne peuvent pas le faire en employant les procédés qui sont ceux des régimes autoritaires.

Perrine Simon-Nahum
PAMPUTT/CC BY-SA 4.0

La démocratie a ainsi du mal à gérer l'état d'exception. Or, c'est une situation à laquelle nous allons être de plus en plus confrontés. Certes l'article 16 de la Constitution fixe un certain nombre de conditions, mais celles-ci ne valent que pour des situations très particulières qui ne sont plus heureusement celles que nous connaissons aujourd'hui. De ce point de vue là, il va donc nous falloir adapter les institutions.

> *Ce qui fait la force des démocraties, c'est ce qui à nos yeux d'hypermodernes fait leur faiblesse*

Mais il s'agirait d'une adaptation concernant la lettre et non l'esprit, car ce qui fait la force des démocraties, c'est ce qui à nos yeux d'hypermodernes fait leur faiblesse, à savoir qu'elles ont besoin de temps – le temps long du débat – ; de compromis – nous avons perdu le sens de ce mot. Elles peuvent même exiger de revenir sur des mesures précédemment adoptées si l'on se rend compte que l'on s'est auparavant trompé ; et évidemment elles ont un besoin de consultation (c'est-à-dire d'un va-et-vient entre les gouvernants et les citoyens). Il leur faut enfin ménager des règles concernant la prise de décision, et pour cela il faut organiser les rapports entre majorité et minorité. Cela suppose de reconnaître que les dirigeants élus l'ont été pour appliquer un programme et prendre les décisions y afférant, mais que la minorité ne peut pas être réduite au silence et doit pouvoir exprimer ses désaccords.

De toute évidence, conditionnés comme nous le sommes par une hypermodernité, nos esprits sont friands de tout ce qui ressemble à de l'immédiateté et à de la transparence absolue, un fonctionnement qui ne convient pas à la nature des régimes démocratiques ni même à ce que sont nos existences individuelles. Attendre une transparence absolue de ceux qui nous gouvernent est une exigence absurde, non seulement parce que dans certains domaines comme la sécurité ou la défense celle-ci serait contre-productive, mais aussi parce qu'aucun de nous ne voudrait vivre en permanence sous l'œil des caméras. Il faut retrouver un peu de bon sens. Sans doute certains de ces principes peuvent ne pas paraître très exaltants, d'où la désillusion que j'évoquais. C'est ce qu'exprimait Raymond Aron en définissant les démocraties comme des « régimes de vertus négatives », formule qui souligne la difficulté qu'il y a à susciter l'enthousiasme des foules avec un programme démocratique. On peut, bien entendu, parler de la liberté, de l'égalité et de la fraternité, mais ce sont des principes abstraits et, en cas de difficultés, le discours démocratique pèche par sa complexité si on le compare à celui des populistes, qui avancent des solutions simples et une vision du monde monocausale. Dans les « régimes de vertus négatives », on ne perçoit l'étendue de nos privilèges et de nos chances que lorsqu'on les a perdus.

■ Il est fréquent d'entendre dénoncer les élites, qui ne prendraient pas suffisamment en compte les préoccupations des citoyens. Cette critique vous paraît-elle fondée ?

Cette critique est très ancienne. Au XIXe siècle, on entendait déjà ce discours. Celui-ci prend aujourd'hui une forme particulière, parce que, effectivement, c'est l'un des angles d'attaque des populismes. Cela devrait nous faire réfléchir. On peut d'ailleurs objecter qu'une fois élus les leaders de ces mouvements se gardent bien de « rendre le pouvoir au peuple » mais que celui-ci bénéficie tout autant voire davantage que dans les démocraties à une oligarchie, comme on le voit en Turquie ou en Hongrie. Il faut ajouter, s'agissant de ce ressentiment, passion mauvaise sur laquelle prospèrent les populismes, qu'il existe, me semble-t-il, une situation spécifique à la France pour une raison historique, en ce que la création de l'ENA a entraîné entre la haute

Selon Raymond Aron (1905-1983), l'idéal démocratique serait « un régime où les hommes politiques seraient tous conscients de l'intérêt collectif qu'ils doivent servir, où les conflits d'idées se déchaîneraient à plein, mais où la presse serait objective et les citoyens garderaient le sens de leur solidarité. »

© AFP

L'Institut national du service public est installé à Strasbourg, dans l'ancienne commanderie Saint-Jean. Des locaux occupés par l'École nationale d'administration de 1991 à 2021

© DAMARIN VINCENT/HEMIS. FR/HEMIS. FR/HEMIS VIA AFP

administration et les dirigeants politiques, d'un côté, et le reste de la population, de l'autre, une sorte d'étanchéité qui n'existe pas ailleurs. Même si l'on a injustement accusé l'ENA – laquelle avait, grâce au concours interne, un modèle de recrutement relativement démocratique – de perpétuer l'entre-soi.

En France, nous avons un problème spécifique avec la haute fonction publique. La multiplicité de niveaux d'administration vient créer une opacité du système, ce qui favorise les thèses complotistes de confiscation du pouvoir, lequel ne serait aux mains que de quelques-uns, et alimente les critiques du néolibéralisme. Au Royaume-Uni, on peut avoir écrit une thèse en théologie et devenir Premier ministre, tandis qu'en France cela ne serait même pas pensable. Aux États-Unis, un même individu peut exercer ses talents à la fois dans l'enseignement supérieur, le monde économique et la sphère politique, alors que chez nous ce modèle est extrêmement rare. Il y a donc une étanchéité propre au fonctionnement de la société française qui vient alimenter à juste titre l'idée d'un blocage de la circulation des élites. Raymond Aron, dans ses cours à la Sorbonne à la fin des années 1950, mettait déjà en garde contre ce danger, soulignant l'importance d'une circulation des élites dans la société pour le bon fonctionnement de ce qu'il appelait les « régimes constitutionnels pluralistes ». Aujourd'hui, c'est l'un des défis auxquels nous devons répondre.

En effet, ce que nous voyons se diffuser est non seulement un désenchantement à l'égard de la démocratie, mais aussi une délégitimation de la politique. Les citoyens sont tous prêts à critiquer les hommes politiques, mais relativement peu d'entre eux seraient prêts à faire de la politique, à se dévouer pour le bien public, à être corvéables 24 heures sur 24 comme le sont ces derniers, sans obtenir en retour de reconnaissance. Car, derrière les hautes sphères de l'État, il faut se représenter les centaines d'élus locaux qui embrassent leur fonction comme un sacerdoce. Il faut se représenter la lourdeur de leurs responsabilités, les violences qu'ils sont de plus en plus nombreux à subir, ce qui pousse certains d'entre eux à abandonner la politique. Ce sont quelques-unes des raisons pour lesquelles de moins en moins de jeunes songent aujourd'hui à faire de la politique. De ce fait, ceux qui entrent en politique ne sont pas forcément les meilleurs et peuvent même le faire pour de mauvaises raisons, c'est-à-dire par arrivisme.

L'un des chantiers de demain sera donc de relégitimer la politique. En ce sens, des initiatives positives ont été prises comme les exercices de convention citoyenne. Je ne crois pas du tout à la démocratie directe comme seule réponse aux insuffisances d'une démocratie représentative. La démocratie repose sur la solidité de ses institutions, qui jouent un rôle de médiation. Mais l'idée que les citoyens soient sollicités sur une question politique qui les oblige ainsi à se projeter dans une temporalité et pour des intérêts différents de ce qui les occupe dans leur quotidien, et ainsi à se mettre à la place du décisionnaire, ne peut être qu'un exercice bénéfique à la démocratie. Aussi triviale soit-elle, cette démarche contribue à élargir leur horizon, à se décentrer, à faire naître la vision d'un projet et d'un avenir collectifs, et surtout à leur permettre de prendre conscience de ce qu'est la chose politique. La convention citoyenne sur le climat a suscité quelques frustrations, notamment quand les citoyens qui y ont participé ont constaté que leurs préconisations n'étaient pas adoptées par les politiques, mais cela participe aussi du dur apprentissage de la politique.

■ D'un autre côté, les attentes envers la démocratie ne seraient-elles pas devenues trop grandes ?

La démocratie est un régime de principes, en France réunis dans notre devise : « Liberté, Égalité, Fraternité ». Mais par essence ces idéaux sont déceptifs, car ils ne seront jamais pleinement atteints. Tel est le propre de la démocratie. Je crois cependant que se produit une confusion autour de ce que ce terme désigne. Est-ce un régime, c'est-à-dire uniquement des institutions ? S'agit-il, au-delà, d'un mode de sociabilité ? Ou bien d'une vision du monde et d'un récit historique ? En réalité, c'est tout cela à la fois, mais le problème, c'est qu'il est rare que les trois niveaux s'alignent.

> *« On ne peut pas tout attendre de la démocratie »*

Depuis 1942, année de la publication du rapport Beveridge, qui fournit une base de réflexion à l'instauration de l'État providence au Royaume-Uni, nous avons confondu la démocratie et les bienfaits de l'État providence. Tout allait bien jusque dans les années 1970 sous les effets de la croissance, puis la situation s'est grippée. Et alors qu'aujourd'hui cette « démocratie providentielle », pour reprendre le titre du livre de Dominique Schnapper[1], est mise en difficulté, c'est la démocratie en tant que régime politique qui se trouve attaquée, sans que l'on fasse la part des choses. Or, les deux sont à dissocier.

On ne peut pas tout attendre de la démocratie. Celle-ci est mise à rude épreuve, car à cette confusion s'ajoute la question du récit historique. En effet, les démocraties se trouvent confrontées à des régimes autoritaires qui déroulent un récit historique simple voire simpliste, car linéaire et monocausal. Celui-ci fait croire à l'opinion que les difficultés qu'elle rencontre dans sa vie quotidienne sont le fait d'une cause unique. Cela peut être, au choix, le capitalisme, le « système », c'est-à-dire les élites, ou l'immigration, dont on voit qu'elle est au cœur des élections qui s'annoncent. Ce manichéisme, cette vision simplificatrice du monde selon le principe ami-ennemi, théorisé par le juriste Carl Schmitt, ne fait pas les affaires de la démocratie.

La communauté des citoyens est-elle à la hauteur si l'on observe la dégradation du débat public, en particulier sur les réseaux sociaux ? L'individualisme exacerbé ne nuit-il pas de fait à l'esprit de compromis ?

La responsabilité des réseaux sociaux est évidente ; on connaît le fonctionnement des algorithmes, qui, grâce aux filtres qu'ils appliquent, créent des communautés qui sont comme des bulles étanches et qui nous enferment dans des communautés polarisées. Il me semble néanmoins que nous sortons progressivement d'une forme de naïveté et que nous commençons à prendre conscience des problèmes qu'ils causent, comme le montrent les débats précoces autour des questions d'intelligence artificielle. La réponse à ce défi est double ; la responsabilité en incombe à la fois au législateur, aux concepteurs, aux ingénieurs qui doivent traduire dans les systèmes et les législations une nouvelle réglementation. Mais la pédagogie a également un rôle à jouer ; les utilisateurs doivent être éduqués à l'esprit critique !

Quant à l'individualisme souvent évoqué, je crois qu'il constitue aujourd'hui un moindre problème dans la mesure où la pandémie ou la guerre nous ont fait prendre conscience des interdépendances dans lesquelles nous vivions. Le véritable problème tient davantage à ce qu'on appelle aujourd'hui la « guerre des identités ». À cet égard, on ne peut que constater les ravages produits par ce discours dans l'éducation, les universités et le débat public, réduit de ce fait à peau de chagrin. Nous nous trouvons de plus en plus assignés à une identité et au déterminisme qui l'accompagne. Les femmes sont, par exemple, perçues comme des victimes naturelles et les hommes, à l'inverse, comme des prédateurs naturels. Il en va de même s'agissant de l'origine. Originaire d'un pays anciennement colonisé, vous en porterez forcément les stigmates dans votre vie personnelle. Ce qui est frappant dans cette pensée différentialiste, c'est l'enfermement sur lequel elle débouche. Sous prétexte d'échapper à ce qui peut ressembler à une blessure ou à une gêne, on en vient à refuser toute forme de confrontation alors que ce principe même fait partie de la vie. Chacun est alors poussé à se refermer sur un cocon artificiel dans lequel il se sent protégé. Quelle peut être la finalité d'une telle pratique ? Quelle vision du monde en découle, sinon un monde qui exclut tout ce qui est différent ? Cette

Les rapporteurs présentent le texte final de la convention citoyenne sur la fin de vie au Conseil économique, social et environnemental, à Paris le 2 avril 2023
© JULIEN DE ROSA/AFP

Réunion nationale de l'ensemble des sections Erasmus espagnoles à Séville le 27 octobre 2017

ERASMUS STUDENT NETWORK INTERNATIONAL/ FLICKR/ CC BY-NC 2.0

tendance gagne pourtant du terrain ; elle est favorisée par la victimisation que les intellectuels et les politiques pratiquent très souvent à l'égard des immigrés ou des habitants des « quartiers » ou des anciens colonisés. Cela ne veut pas dire que ces populations ne sont pas confrontées à des difficultés spécifiques. Il faut bien évidemment en avoir conscience, mais ce n'est pas en les essentialisant et en les considérant comme des victimes par essence que l'on apportera les réponses les plus efficaces pour leur permettre de s'intégrer. Cette victimisation alimente au contraire un ressentiment permanent.

Quels sont, à vos yeux, les grands défis auxquels les démocraties sont aujourd'hui confrontées ?

Je dirai qu'il existe deux types de défis : d'une part, ceux qui touchent aux politiques publiques qui doivent être menées, d'autre part, ceux qui ont trait aux principes sur lesquels reposent ces régimes. Sur le plan politique, j'en ai identifié trois principaux dans mon ouvrage *Sagesse du politique* [2] : la lutte contre le terrorisme, la maîtrise des technologies de surveillance, le réchauffement climatique. Il me semble que nous en avons désormais pris la mesure. La pandémie de Covid et la guerre en Ukraine ont montré que les démocraties peuvent se mettre en ordre de marche pour relever ces défis. Mais le problème reste celui du temps long. Allons-nous, par exemple, continuer de soutenir l'Ukraine au même niveau d'aide si le conflit doit encore durer des années ?

Sur le plan philosophique, les défis touchent aux valeurs fondamentales de la démocratie. Les réponses sont multiples et on peut donner quelques pistes. La question de la souveraineté en est une illustration. Celle-ci est intrinsèquement liée à la question du choix et de la décision, qui sont les deux instruments de la démocratie. Je défends l'idée que nous pourrions sur certaines questions mettre en place une souveraineté à périmètre variable, laquelle fait signe vers ce que j'appellerais une « souveraineté des grandes causes ». S'agissant du climat, mis à part quelques climatosceptiques irréductibles, il existe désormais un consensus quasi mondial et cela participe de la démocratie. S'y rapporte tout un ensemble de décisions qui seraient l'occasion de solliciter les opinions à des niveaux différents de souveraineté. Il en va de même d'autres questions éthiques, comme celle du transhumanisme, de la fin de vie ou de l'intelligence artificielle, qui appellent un projet commun mais susceptible de s'organiser à différents niveaux politiques. La question de la vérité est tout aussi essentielle ; le débat est impossible si l'on ne s'accorde pas sur une forme de vérité. Cela ne concerne pas seulement les *fake news*. Il en va également de la possibilité de hiérarchiser les événements et donc de l'exercice de l'esprit critique. Redonner force à la vérité passe évidemment par l'éducation et la culture.

Voyez-vous des pistes de solutions pour revitaliser la démocratie ?

Cela peut paraître trivial, mais, si chacun d'entre nous revient dans son existence de tous les jours aux expériences de démocratie en miniature qu'il vit, cela ne peut être que bénéfique pour la démocratie en général. Débattre dans la sérénité et le respect du contradicteur, prendre des décisions importantes en recueillant les avis des plus informés... toutes ces expériences démocratiques nous renvoient à nos existences individuelles et pourraient être étendues à un niveau plus large.

Je pense aussi que nous devons inverser notre point de vue ; ce que nous pensons être des faiblesses de nos démocraties sont en réalité leurs forces. Là encore, nos expériences quotidiennes nous en convainquent tous les jours.

Enfin, il me semble que nous devons lutter contre la délégitimation de la politique, qui produit un effet délétère. On ne choisit pas cette voie par appât du gain. Relégitimer la politique implique de former les citoyens à ce domaine, tout comme ceux qui se destinent à cette profession. Car la politique est un métier ; on ne s'improvise pas femme ou homme politique. Je pense aussi qu'il faut honorablement rétribuer les personnes qui embrassent ce métier. J'ai conscience que c'est une idée partagée par peu de monde, mais je considère, au regard de l'investissement consenti en énergie et en temps, qu'une bonne rétribution est légitime. Cela vaut comme une reconnaissance de l'engagement pour l'intérêt général et cela éloigne aussi la tentation de la corruption. Si on ne le fait pas, encore une fois, on risque de voir arriver aux postes de responsabilité ceux qui en auront fait le choix pour de mauvaises raisons.

Les réussites de la démocratie doivent aussi être mises en avant quel que soit le domaine. Sur le plan européen, le projet Erasmus est un grand succès. Les instruments mis en place au niveau européen pour amortir les effets de la crise covid (rachats de titres publics par la Banque centrale européenne, mutualisation d'une partie des dettes, plan de relance) ont permis aux démocraties européennes d'éviter une catastrophe économique. Il faut sans cesse rappeler ces faits à nos concitoyens qui ont tendance à l'oublier.

S'agissant de la démocratie participative, je suis persuadée que nous pouvons en attendre des gains importants mais à la condition d'avoir également conscience de ses limites. Dans ce domaine aussi l'expérience a permis de nous guérir de certaines illusions car autant les décisions issues de la convention sur le climat se sont révélées rapidement inapplicables, autant la convention sur la fin de vie a pu servir de base de discussion pour le débat parlementaire. La démocratie, ce sont des médiations, des corps intermédiaires. S'exposer directement au peuple est un exercice périlleux, car, le jour où celui-ci vous rejette, il ne reste d'autre voie que les radicalismes. Affirmer la nécessité du politique est aujourd'hui le meilleur moyen de nous en préserver !

Notes

[1] Dominique Schnapper, *La Démocratie providentielle. Essai sur l'égalité contemporaine*, Gallimard, coll. « NRF essais », Paris, 2020.

[2] Perrine Simon-Nahum, *Sagesse du politique. Le devenir des démocraties*, Éditions de l'Observatoire, Paris, 2023.

Dossier

Comment rendre notre vie politique plus démocratique ?

Débat entre Marc Lazar
Professeur émérite d'histoire et de sociologie politique à Sciences Po
et Anne Levade
Professeur de droit public à l'université Paris-I Panthéon-Sorbonne

Référendum, conventions citoyennes, révision constitutionnelle... De multiples pistes sont avancées pour tenter de recréer une confiance et un engagement des citoyens dans la vie démocratique. Si aucune ne saurait être la solution miracle, il existe bien une aspiration des citoyens à être mieux pris en considération, mais une autre pratique des institutions est également envisageable.

Les enquêtes d'opinion tout comme la montée de l'abstention et du vote populiste révèlent une défiance à l'endroit des gouvernants. Est-ce le signe d'une crise profonde de notre démocratie?

Marc Lazar

Le terme de « crise » évoque bien évidemment celle que l'Europe a connue dans les années 1930, raison pour laquelle des parallèles ont déjà été esquissés entre les tourments de cette époque et ceux que nous connaissons aujourd'hui. En termes de sémantique, je préfère rester très prudent, car, s'il y a des éléments qui peuvent sembler communs entre ces deux périodes, d'autres aspects les distinguent. Pour qualifier le phénomène que nous connaissons aujourd'hui, je préfère employer l'expression de « mutation » de nos démocraties. Les démocraties libérales et représentatives actuelles sont toutes concernées par un phénomène particulièrement profond, étudié par nombre de politistes ou d'économistes : précisément la notion de défiance. Ce qui est très frappant en France et en Europe, c'est en effet la défiance d'une partie de la population à l'égard des institutions, de la classe politique et même des élites en général, qu'elles soient économiques, financières, médiatiques ou encore universitaires. Mais dans le diagnostic je crois qu'il ne faut pas s'arrêter à ce premier constat ; en France en particulier, cette défiance est réciproque : les responsables se méfient également d'une partie de la population. Sur ce point, dans l'Hexagone, le référendum de mai 2005 sur la Constitution européenne a été un tournant.

Toutefois, le pays avait déjà connu des antécédents. Au lendemain de la Seconde Guerre mondiale, alors que la plupart des pays d'Europe occidentale tentaient de (re)fonder leur démocratie, on a pu observer un double processus : à la fois la volonté d'élargir l'assise de la démocratie (la décision de la France et de l'Italie d'accorder enfin aux femmes l'accès au suffrage universel en est le parfait exemple) et une certaine défiance à l'égard des peuples qui avaient pu adhérer au nazisme et au fascisme. D'où la volonté, d'une part, de consolider le système représentatif pour éviter toute forme de ce que l'on appelle aujourd'hui la démocratie directe, soit l'envie de limiter d'une certaine façon la souveraineté populaire dans son expression la plus concrète, et, de l'autre, la méfiance à l'égard du leader et d'un pouvoir exécutif trop fort, de laquelle sont nées les institutions de la IVe République en France, de l'Allemagne fédérale ou de la République italienne.

Aujourd'hui il existe une contradiction dans les attentes des citoyens : celle d'une aspiration à l'autorité conjuguée à une exigence de participation de plus en plus forte. Le tout dans un contexte international où un certain nombre de pays autoritaires n'hésitent pas à défier ouvertement la démocratie, d'où le parallèle avec les années 1930. En témoigne le texte commun signé par la Russie et la Chine dans lequel ces deux pays balayent d'un revers de main les principes démocratiques. Enfin s'ajoute à cela le rejet des valeurs occidentales d'un certain nombre de pays, notamment arabo-musulmans, lequel a des répercussions par-delà les frontières de ces États.

Anne Levade

Je partage dans une très large mesure le diagnostic de Marc Lazar. Pour moi, les sondages ne sont qu'un indicateur parmi d'autres, dont certains très anciens comme l'abstention. Ce qui est plus récent, me semble-t-il, c'est l'immédiate mise en cause de l'élu, en raison de ce défaut de participation. Il s'agit de mouvements au long cours. Je rejoins parfaitement Marc Lazar pour dire que 2005 a été un tournant, très largement négligé par ailleurs, parce qu'on a pensé à tort que cette déconvenue était l'affaire de l'Europe et que mettre en cause l'Europe était un moyen de protéger les États, sans voir que ce refus de constitutionaliser l'Europe sur le modèle étatique était en réalité un rejet à la fois à l'égard de l'Europe et du modèle d'État de droit, de démocratie libérale.

En complément des éléments qui ont été mis en lumière, je suis également très frappée de constater que ce sont les fictions fondatrices sur lesquelles se sont édifiées nos démocraties

Marc Lazar

PHILIPPE GRANGEAUD/ PARTI SOCIALISTE/FLICKR/

> **“ *Les fictions fondatrices sur lesquelles se sont édifiées nos démocraties sont aujourd'hui mises en cause***

qui sont aujourd'hui mises en cause. La toute première fiction est la représentation. Or, celle-ci subit depuis une vingtaine d'années un véritable processus de déconstruction. Je suis très surprise aujourd'hui de voir des représentants, en particulier à l'Assemblée nationale ou au Sénat, appeler au référendum sans même se rendre compte qu'ils sont en train de scier la branche sur laquelle ils sont assis, et de se fragiliser. Cela revient à se délégitimer aux yeux du peuple. La représentation est une des fictions fondatrices sapées depuis très longtemps et malheureusement je pense que l'on a atteint, sans s'en rendre compte peut-être, un point de non-retour ; il sera sans doute difficile d'inverser cette tendance. Aujourd'hui, expliquer que les représentants sont légitimes à prendre des décisions est immédiatement présenté comme une violence faite au peuple. La majorité fait, elle aussi, partie des fictions attaquées ; or, par définition, en démocratie l'unanimité n'est pas souhaitable. Il est donc indispensable que la ou les minorités acceptent le principe majoritaire.

Quand toutes ces fictions sont contestées, c'est le cœur même du principe de nos démocraties qui est visé. Et, à cet égard, bien souvent les sondages d'opinion, élaborés sous l'angle du ressenti, participent de cette déconstruction. Je vois ainsi derrière cette crise démocratique avant tout une crise du principe de représentation et de cette fiction démocrate.

■ Cette fragilisation de la démocratie se manifeste dans d'autres pays (aux États-Unis en particulier, mais aussi aux Pays-Bas, en Allemagne...). Existe-t-il malgré tout une spécificité dans les vulnérabilités actuelles de la démocratie française?

Marc Lazar

Oui, je crois. Les traditions historiques sont à cet égard déterminantes. La France est un pays qui s'est construit sur des révolutions, des révoltes, d'où sans doute le fait que nous ayons beaucoup de mal à accepter la notion de compromis, de réformisme. C'est à mon sens une des singularités de la France par rapport à des pays qui, pour d'autres raisons historiques, ont davantage travaillé sur l'acceptation des compromis et des médiations.

Le deuxième point spécifique à la France est, me semble-t-il, le grand affaiblissement des corps intermédiaires. C'est une fragilité structurelle en France, pour les partis et les syndicats en particulier. Le corps intermédiaire qui résiste sans doute le mieux à cette tendance est celui des maires. Ces derniers ont toutefois été récemment confrontés à deux attaques, la première de la part du président de la République lui-même. Dans son livre *Révolution*, Emmanuel Macron dit que les partis politiques, les associations ne représentent qu'eux-mêmes, et peu après son élection, en novembre 2017, il cible les élus locaux dans son discours, lors du 100e congrès des maires de France. Ces derniers sont de plus en plus souvent pris à partie par leurs administrés. Preuve de cette vulnérabilité accrue, une récente enquête de l'Institut Montaigne alerte sur le fait que près d'un jeune sur deux est prêt à s'affronter physiquement aux élus.

Enfin, troisième caractéristique : les Français aiment les élections présidentielles, même si l'abstention progresse ; ils attendent énormément de leur président et pourtant ce dernier est la cible favorite. Le président Macron a aggravé cela ; je pense qu'il porte à cet égard une part de responsabilité. Une forme de violence dans le corps social s'est cristallisée sur la figure du président. Voilà à mon sens les trois particularités qui me semblent singulariser la France par rapport à d'autres pays.

Anne Levade

Dans le prolongement de ce que dit Marc Lazar, je suis frappée par le caractère très générationnel de cette crise démocratique. Elle crée une vraie crispation sur les enjeux à la fois sociétaux mais aussi environnementaux, sous l'influence d'une jeunesse qui va beaucoup à rebours des générations précédentes et conteste ce qui a pu être fait par le passé. Cela vaut à l'échelle planétaire.

En France, la spécificité de la crise tient d'abord au fait que les fictions que j'évoquais y sont beaucoup plus structurantes qu'elles ne le sont dans d'autres États. La fiction nationale en France est un élément absolument fondateur, ayant contribué à ce que les corps intermédiaires soient structurellement dans une position plus défavorable qu'ils ne peuvent l'être dans les États voisins. En France, ces corps intermédiaires ont longtemps été perçus comme entravant le lien entre les citoyens et la nation, raison pour laquelle on a donc voulu les écarter. Les partis politiques ne sont pas conçus en France, comme ils le sont historiquement en Allemagne, comme des quasi-institutions, à l'image des syndicats. Ce sont plutôt des sortes de satellites avec lesquels on joue mais dont on tient toujours à se dissocier de manière à ne pas entraver ce lien entre gouvernants et gouvernés. Et comme représentation et nation sont intimement liées, dès lors que l'on sape la fiction représentative, je pense que l'on met aussi en cause ce qui en France est fondateur et plus encore qu'ailleurs. Par comparaison, aux États-Unis, l'idée de nation n'est en rien une thématique politique ; de même en Allemagne, où l'on a sciemment choisi de limiter le pouvoir par le fédéralisme en le fragmentant sur un plan territorial.

En France, tempérament révolutionnaire oblige, nous avons également toujours cette tentation d'alterner entre ultra-démocratie et phases autoritaires. La France est le seul État au monde à avoir connu 15 Constitutions depuis 1791, car on prête au texte (la loi, la Constitution) des vertus magiques, ce qui explique pourquoi le débat sur la crise de la démocratie se transforme très rapidement en un débat sur la prétendue nécessité d'une transformation institutionnelle et constitutionnelle. Cela me semble être une particularité française, permettant de comprendre que, plus qu'ailleurs, la crise de la démocratie se traduit par des revendications (référendum d'initiative partagée ou d'initiative citoyenne, par exemple). Cela fait ressurgir chez le citoyen lambda une forme de fantasme quasi révolutionnaire. Les attentes du peuple en sont changées, tout comme nécessairement la manière d'y répondre. Tant et si bien que l'on a cherché à résoudre cette crise de confiance en multipliant les lois de confiance. Ce qui pourrait ne relever que de la sémantique politique est sans doute révélateur du fait qu'en France on pense qu'une loi peut rétablir la confiance, ce qui est absurde. La confiance est quelque chose qui se tisse et se construit. En voulant « normativiser » (par le droit) l'établissement de la confiance (qui, elle, est un enjeu politique), on court nécessairement à l'échec. Et la conséquence est double, car, en plus d'avoir échoué à rétablir la confiance, on a également discrédité le droit.

Anne Levade

Marc Lazar

Pour rebondir sur vos observations relatives à la nation, je m'interroge aussi sur ce que l'on appelle la « crise de l'identité nationale » (expression que je n'aime pas vraiment), ou du roman national, en tout cas ce sentiment que la France a perdu de sa superbe, que depuis le gaullisme quelque chose s'est progressivement effondré, que la France n'a plus le même impact au niveau international, et même au niveau européen, et qui provoque ce doute, cette interrogation, cette défiance. Tout cela relève peut-être d'une particularité française moins ressentie dans d'autres pays, même si chez nos voisins des processus de révisionnisme historique très préoccupants ont été amorcés. L'AFD en Allemagne demande que l'on cesse de faire de la repentance à propose du nazisme. Giorgia Meloni, en Italie, s'inscrit dans une ligne d'anti-antifascisme. Cela étant dit, en France, il y a une forte interrogation sur ce que l'on est, en tant que nation, au sein de l'Europe.

■ Nos institutions sont-elles en cause? La Vᵉ République, révisée un certain nombre de fois depuis 1958, serait-elle devenue inadaptée au regard de nos besoins contemporains?

Anne Levade

Si toutes les démocraties (quelles que soient leurs institutions) subissent des crises comparables, cela démontre qu'à l'évidence ce ne sont pas uniquement les systèmes institutionnels qui dysfonctionnent. J'ajouterai que, ayant tant idéalisé la démocratie, on a tendance à oublier que la grande caractéristique de la démocratie est qu'elle est en constante transformation et réinvention, d'abord parce que ce régime est fondé sur la contestation légitime, raisonnable, dans un cadre déterminé certes, mais qui peut à tout moment la faire exploser en vol. Seules les dictatures ont la certitude de la pérennité, jusqu'à la prochaine révolution. Je pense que la question institutionnelle ne permet pas d'apporter toutes les solutions à cette crise démocratique.

Pour revenir sur le cas de la France, nous souffrons parfois aussi de ce que j'appellerai la « révisionnite aiguë ». Quand on ne change pas de Constitution, on adore la réviser. La Vᵉ République n'est pas parfaite, mais il n'existe pas de Constitution parfaite. Aujourd'hui, elle est et devrait continuer à être la plus durable qu'ait connue la France, ce qui est en soi un exploit. Cette durabilité me semble résulter de deux originalités. La première est que cette Constitution a été conçue pour avoir une fonction orthopédique. On dotait les institutions de cales et béquilles pour corriger les déséquilibres qui s'étaient constitués au fil des régimes précédents. On oublie souvent que la IVᵉ République cherchait déjà, par la rationalisation du parlementarisme, à corriger les dysfonctionnements constatés sous la IIIᵉ. Mais en 1958 le constituant a été infiniment plus imaginatif et il a inventé toute une série de mécanismes juridiques, par exemple d'encadrement du Parlement, qui ont assuré la stabilité de l'exécutif et, par conséquent, du régime. La Constitution permettait enfin à la France d'être gouvernée, même si en ont résulté de nouveaux déséquilibres que l'on a à juste titre cherché à corriger, notamment en 2008.

La deuxième caractéristique de l'actuelle Constitution – raison pour laquelle je pense que la Vᵉ République est un régime solide et qu'elle n'est pas un facteur d'aggravation de la crise à elle seule – est son incroyable plasticité. La preuve en est qu'elle a résisté à tout, y compris à ce qui n'avait pas été prévu. Elle a, bien sûr, survécu sans trouble à une alternance politique, mais aussi aux cohabitations. Même si nous en avons perdu l'habitude, elle a été conçue pour gouverner en majorité relative ; le 49.3 n'est pas une violence faite au Parlement, ce n'est qu'une technique de rationalisation. Cette plasticité est sans équivalent dans notre histoire constitutionnelle pourtant riche et elle offre des marges d'action importantes aux gouvernants. Ce n'est donc pas elle qui est inadaptée ; les dysfonctionnements viennent de l'utilisation que l'on en fait. La Constitution n'est qu'un cadre, elle n'impose rien au politique, elle ne fait pas obstacle à grand-chose ; elle ménage au contraire des marges de manœuvre pour pouvoir mener une politique. Je crois que les institutions de la Ve République permettent à notre démocratie de s'adapter au contexte. Sans chercher à mettre en porte-à-faux les élites, les politiques, tous bords confondus, mettent souvent sur le dos de la Constitution des impossibilités qui ne sont absolument pas constitutionnelles. Bien sûr qu'il est plus difficile de faire voter une loi en majorité relative. Mais il existe plusieurs manières de le faire : la coalition gouvernementale et la négociation en sont une. Plusieurs de nos pays voisins en ont culturellement l'habitude. En France, ça n'est pas notre tradition. Mais la Ve République a aussi cette vertu d'avoir créé une distinction entre ce qui relève du domaine de la loi (art. 34 de la Constitution) et ce qui relève du champ réglementaire (art. 37). D'un point de vue de juriste, je me serais attendue à ce que, face à une situation de majorité relative extrêmement complexe comme celle de ce pays que nous connaissons, les politiques mobilisent davantage le levier réglementaire. La Constitution permet de délégaliser toute une série de textes qui ont été votés à tort sous une forme législative. Sans appeler à une dictature réglementaire, on peut faire énormément de choses par la voie du règlement. Il est faux de dire que l'on n'a plus de marge de manœuvre sans majorité. On a les outils pour. Ce ne sont donc pas les institutions de la Ve République – le texte – qui posent problème, c'est la pratique institutionnelle qui peut faire défaut.

Marc Lazar

Je crois en effet que, malgré toutes les critiques à l'encontre des institutions, celles-ci se sont révélées à la fois solides et efficaces, point non négligeable par rapport à d'autres pays. L'Italie, par exemple, se confronte depuis longtemps au problème de la « gouvernabilité ». Si, dans un premier temps, une partie de la gauche de ce pays mais aussi de la Démocratie chrétienne a beaucoup critiqué les institutions de la Ve République, en qualifiant cette gouvernance de « césarisme », progressivement un certain nombre d'Italiens ont fini par en reconnaître l'efficacité et ont même parfois cherché à s'en inspirer.

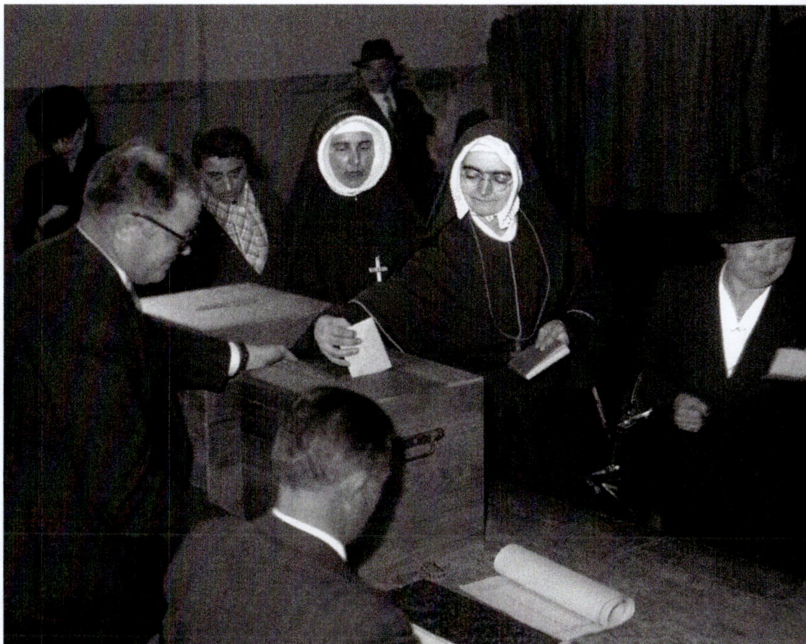

Des femmes votent à l'occasion du référendum constitutionnel du 21 octobre 1945. Un droit obtenu en France l'année précédente
© STAFF/AFP

Je crois aussi que la crise de la politique ne se réduit pas simplement au débat institutionnel. La question qui se pose est la suivante : une meilleure maîtrise et utilisation de la Constitution suffira-t-elle à apaiser cette crise et à résorber les problèmes de dysfonctionnement ? Je ne le pense pas. D'où peut-être la nécessité de développer des initiatives allant dans le sens d'une démocratie plus participative.

Pour revenir au diagnostic, je crois que nous sommes confrontés à trois défis importants : la défiance que l'on a évoquée ; l'émergence des formations populistes, ces partis politiques qui, ne se disant plus antidémocratiques, se présentent comme la meilleure expression de la démocratie, l'incarnation du peuple, l'expression même d'une souveraineté populaire ; enfin l'accélération du temps politique, qui se manifeste à travers la notion d'urgence et de laquelle résulte une absence

Discours du Premier ministre François Fillon lors du Congrès réunissant députés et sénateurs au château de Versailles, le 4 février 2008, à l'occasion d'une révision constitutionnelle

de médiation (ce que nous avions appelé, avec Ilvo Diamanti, la démocratie « immédiate »). De ce point de vue, une meilleure utilisation par les acteurs des institutions s'impose, ainsi qu'un toilettage d'un certain nombre de dispositions, mais il me semble que cela ne suffira pas. À cet égard, il est important d'évoquer la question du renforcement du rôle du Parlement, vieille antienne de la Ve République depuis 1958, et plus encore depuis l'élection au suffrage universel du président de la République lors de la réforme de 1962. Comment renforcer le rôle du Parlement ? Si un certain nombre de réformes ont été lancées en ce sens, la concrétisation n'est pas concluante. Ce point soulève deux problèmes : le temps de la délibération, qui normalement est au cœur de la pratique parlementaire, est de moins en moins accepté par les opinions, précisément du fait de cette notion d'urgence et de cette demande d'immédiateté (dont les sondages, les chaînes d'information et les réseaux sociaux se font l'écho). Deuxième point : dans cette situation de majorité relative, on aurait pu s'attendre, à l'issue des élections de 2022, à voir jouer et travailler le Parlement.

> *« Cette expérience de majorité relative contribue à l'affaiblissement du Parlement aux yeux de l'opinion*

Cela n'a pas vraiment eu lieu, et, sur ce point, certains partis politiques, en particulier La France insoumise et le Rassemblement national (malgré sa stratégie de dédiabolisation et son apparente volonté de bien faire), portent une lourde responsabilité. Si bien que, aux yeux de l'opinion, ce Parlement apparaît comme un jeu de cirque et on peine à envisager l'élaboration de la loi par le compromis. Confrontée à l'échec, cette expérience de majorité relative contribue à l'affaiblissement du Parlement aux yeux de l'opinion, alors même que s'exprime cette attente d'un Parlement revigoré.

(Question de Marc Lazar à Anne Levade)

■ Que peut-on donc faire justement pour rehausser le rôle du Parlement?

Anne Levade

Cela dépend grandement du travail des acteurs et de la culture politique. Par exemple, en 2008, à l'occasion de la révision constitutionnelle, a été rendu au Parlement français un droit que lui seul avait perdu, à savoir le droit de résolution. On a coutume de penser que, n'étant pas une loi, ce droit ne sert à rien, à tort – celui-ci avait été supprimé en 1958 justement parce que c'était une arme très violente aux mains des parlementaires, laquelle avait participé très largement à l'instabilité gouvernementale sous les IIIe et IVe Républiques. Voilà l'illustration tangible d'un droit qui n'est absolument pas utilisé aujourd'hui. J'y vois le symptôme d'abord d'une véritable méconnaissance des parlementaires, qui omettent que le Parlement n'est pas exclusivement une institution normative mais aussi un lieu d'expression politique. C'est un outil dont dispose le Parlement français mais dont il ne fait pas usage. La seconde explication est sans doute que les parlementaires eux-mêmes ne croient plus en l'importance *du* politique, et de *la* politique au sens le plus noble du terme. Le droit n'est qu'un outil parmi d'autres pour faire de la politique. Heureusement que c'est la politique qui gouverne le monde, et non le droit ! L'inverse serait une catastrophe. Or aujourd'hui on assiste à un discrédit général du politique auquel contribuent les politiques eux-mêmes. Ils ne croient plus en la portée de la parole politique, ce qui est dévastateur. Rendre du pouvoir au Parlement, c'est aussi réaccréditer l'idée chez les parlementaires qu'ils ont un rôle politique, et pas seulement institutionnel, normatif, législatif.

Lors de la révision de 2008, la grande préoccupation était de redonner du temps au Parlement, d'où l'idée des contraintes de délais imposées entre le dépôt d'un projet de loi et la discussion, perçues comme un gage de qualité. En mars 2017, lors d'une allocution devant le Conseil d'État, François Hollande s'était, quant à lui, offusqué de cette procédure qui, à son sens, empêchait de faire des réformes au pas de charge. Aujourd'hui, la question ne se pose même plus, puisque tous les textes sont votés en procédure accélérée. En réalité, nous avons tous les outils pour rendre du temps au Parlement, restaurer la qualité du travail législatif, mais la pratique ne va pas en ce sens. Or, celle-ci est déterminante.

> **“ *Au lieu de valoriser le débat, comme on le souhaitait, on l'a au contraire sclérosé***

La redéfinition du calendrier parlementaire en 2008, qui visait à limiter les moyens de pression du Gouvernement lors de la procédure législative, non seulement n'a pas produit les effets escomptés mais a même généré une contre-pratique qui fait que les textes ne font l'objet la plupart du temps que d'une seule lecture et partent directement en commission mixte paritaire. Au lieu de valoriser le débat, comme on le souhaitait, on l'a au contraire sclérosé. Raison pour laquelle je suis très dubitative quant au poids de la réforme constitutionnelle. L'histoire montre qu'il est très rare que l'on maîtrise à moyen et long terme les effets d'une révision constitutionnelle. Je pense surtout que la révision ne suffit pas si elle n'est pas accompagnée par ailleurs d'une mutation des pratiques. Le rôle de contrôle du Parlement pourrait en outre être accru. Si l'on prend l'exemple du budget, on observe que l'on passe chaque automne deux mois et demi à discuter de la loi de finances avant son vote, mais qu'en revanche le vote sur l'exécution budgétaire est une affaire expédiée en quelques heures, alors que c'est l'inverse au Royaume-Uni : à cette occasion, on demande vraiment des comptes au gouvernement. Or c'est aux parlementaires de se saisir d'une telle possibilité, aucune révision n'est nécessaire pour cela.

Marc Lazar

Concernant l'utilisation de l'article 49.3, il est très frappant de voir qu'aujourd'hui l'opinion n'accepte plus cette procédure, associée presque à un début de dictature, cela représente une transformation majeure. Manifestement cela témoigne d'une aspiration à une participation accrue des citoyens, qui se sentent dépossédés de leur influence. C'est un élément sur lequel nous devons réfléchir.

Anne Levade

Je suis, moi aussi, très frappée de voir que l'article 49.3, qui était un instrument à la disposition du Gouvernement pour faciliter le fonctionnement du travail législatif, est aujourd'hui décrié dans l'opinion. Lorsqu'il était Premier ministre, entre 1988 et 1991, Michel Rocard l'a utilisé à 28 reprises sans que cela ne donne lieu, comme aujourd'hui, à un tel rejet. Le problème est que les responsables politiques qui se sont succédé par la suite, qu'il s'agisse de Lionel Jospin ou de François Fillon, se sont défendus de vouloir y recourir, estimant que « c'est un aveu de faiblesse ». Dans la lettre de mission que Nicolas Sarkozy a adressée au « comité Balladur », la question a même été posée de savoir s'il fallait supprimer l'article 49.3... Une forme de discrédit de l'article 49.3 s'en est suivie. Or ce qui peut sembler inutile à une période de l'histoire peut s'avérer nécessaire à une autre. Les révisions constitutionnelles souffrent souvent de ce travers, celui de l'illusion que le contexte d'aujourd'hui n'est pas conjoncturel mais va durer éternellement. La réforme du quinquennat donnait ainsi à penser que, des élections législatives se déroulant un mois après une élection présidentielle, il ne pouvait en sortir qu'une majorité absolue. Il ne devait plus jamais y avoir de majorité relative... La suite a montré que c'était une illusion. Ce qui m'inquiète, c'est qu'à force de procéder à des révisions on en arrive à développer une forme de désinstitutionalisation, parce que l'on met en cause la légitimité de tous les mécanismes imaginés en 1958, qui bien sûr n'ont pas vocation à servir tout le temps mais qui ont leur utilité. De fil en aiguille, on accrédite l'idée qu'il y a un déficit de légitimité dans les institutions, qui va de pair avec la mise en cause des fictions dont je parlais tout à l'heure. Les correctifs envisagés deviennent alors vains, car cela revient à modifier un texte qui a déjà perdu son sens.

■ Quels outils de démocratie directe (référendum, convention citoyenne...) gagneraient à être développés selon vous?

Marc Lazar

Nous allons peut-être être en désaccord, mais, à mon sens, cette crise de la démocratie ne peut pas se résoudre uniquement par une évolution dans la pratique des institutions ou leur toilettage. Au risque d'énoncer une banalité, il me semble que la classe politique devrait davantage s'efforcer de respecter son devoir d'exemplarité et d'honnêteté. De ce point de vue, les pratiques suédoises mériteraient d'être imitées. Je pense aussi que nous gagnerions à voir une plus grande diversification dans la classe politique. Elle n'a jamais été l'exact reflet de la société et c'est sans doute illusoire d'imaginer qu'elle puisse l'être. Néanmoins, au regard de l'importance de ce phénomène de défiance à l'encontre de la classe politique, il me paraît nécessaire d'envisager le renouvellement en profondeur de celle-ci, pas simplement en termes de représentativité pour ce qui est du genre ou de l'origine ethnique. Le rajeunissement est également important, mais plus encore la diversification sociale. Les fonctionnaires peuvent retrouver leur poste à l'issue d'une élection perdue. Il faut imaginer des solutions pour qu'ils ne soient pas les seuls à bénéficier de cette possibilité. À ce titre, la suppression du cumul des mandats a été une erreur. Je peux d'autant mieux le dire que j'ai moi-même défendu cette suppression ! Or, je me dois de le reconnaître, c'était une grande erreur. Être élu local vous donne une connaissance en profondeur de la société. Il faut également trouver les moyens de renforcer les corps intermédiaires, faciliter la vie associative, le travail des organisations syndicales, notamment en donnant la possibilité de valoriser dans un CV une expérience dans ces domaines pour favoriser l'accès à un emploi.

S'agissant de la démocratie participative, je suis proche des vues de Pierre Rosanvallon en considérant qu'il y a des formes de démocratie participative qui méritent d'être développées. Le référendum n'est pas un procédé miracle, mais on gagnerait, je pense, dans le cadre de la Constitution, à en limiter les restrictions, comme cela est du reste envisagé. Concernant les conventions citoyennes, j'ai conscience du risque d'une superposition par rapport au travail des parlementaires, mais on peut envisager, me semble-t-il, une forme de coconstruction de la loi et plus généralement de la décision politique. On observe au niveau local le développement de pratiques délibératives sur la base de concertations et c'est devenu, à mon sens, une vraie nécessité. Il faut, bien sûr, veiller à bien délimiter les compétences des uns et des autres, mais cette coconstruction peut être un apport au travail des décideurs, ce qui à mes yeux ne remet pas en question la prééminence de la représentation nationale. Faut-il aller vers de nouvelles formes de vote ? Au niveau local, cela peut être une piste intéressante, au moins comme terrain d'expérimentation. Beaucoup de pays scandinaves s'y sont essayés. Une chose est sûre selon moi : si l'on ne répond pas à cette aspiration d'une démocratie plus participative, nous courons le risque de voir les formations populistes se développer toujours plus en prétendant être l'incarnation de la volonté populaire.

Un manifestant brandit une pancarte en faveur du référendum d'initiative citoyenne pendant la journée d'action nationale des «gilets jaunes» du 12 janvier 2019. Avenue de Wagram, Paris

© ARNAUD FINISTRE/HANS LUCAS/HANS LUCAS VIA AFP

Anne Levade

Je ne serai pas en désaccord autant que cela. Je souscris entièrement à l'idée d'une démocratie participative qui viendrait enrichir et conforter une démocratie structurellement représentative. En revanche, je suis résolument hostile à une démocratie participative que l'on présenterait comme étant substituable à la démocratie représentative. Si la démocratie participative est un complément de la démocratie représentative comme vous l'appelez de vos vœux, il faut d'abord que la démocratie représentative soit rétablie dans sa légitimité. C'est un préalable indispensable. À défaut, on risque de créer des conventions citoyennes que l'on présentera comme étant décisionnaires, alors qu'elles ne le sont pas, et qui menacent de mettre en péril la légitimité des représentants qui, eux, sont décisionnaires. Le danger est alors d'aggraver les tensions entre les deux formes de démocratie.

La participation au sens le plus large du terme s'incarne d'abord dans le fait d'être citoyen et de participer aux scrutins électoraux. Elle s'incarne aussi par tout type de mécanisme qui peut faciliter, diversifier cette participation en s'adaptant à un sujet particulier. Il y a des thèmes qui peuvent se prêter à l'organisation d'une convention citoyenne, mais à mon sens on ne peut pas organiser une convention citoyenne sur tout sujet. Et, encore une fois, cette participation n'est pas la démocratie décisionnaire selon moi. J'aurai, avec Marc Lazar, un petit désaccord à propos du référendum, car, selon moi, le référendum, lui, est décisionnaire. Un référendum qui serait simplement participatif serait une grave erreur, car il s'agirait là d'une négation du rôle des représentants. Sur ce plan, je crois essentiel de ne pas mentir aux citoyens, au risque de créer les conditions d'une frustration. Mais, tant que nous restons sur un plan participatif et non décisionnel, nous n'avons pas besoin d'une révision de la Constitution. Dans un autre registre, l'évolution du travail mené par le Conseil économique, social et environnemental (CESE), qui s'est positionné comme un nouveau lieu de la démocratie participative, sans que son statut constitutionnel ait été modifié, le montre parfaitement.

■ Les hautes juridictions françaises et européennes garantes de l'État de droit (Conseil constitutionnel, Cour européenne des droits de l'homme [CEDH], Cour de justice de l'Union européenne [CJUE] ...) sont régulièrement accusées de contrer la volonté populaire en censurant tout ou partie de certaines lois qui leur sont présentées. Ce «gouvernement des juges» a-t-il une réalité selon vous?

Marc Lazar

Au risque de vous paraître un peu solennel, je pense que la date du 25 janvier 2024 restera comme une page sombre de l'histoire de la Ve République. On sait que les formations populistes sont critiques à l'endroit des cours constitutionnelles. Lorsqu'elles ne peuvent pas les supprimer, elles essaient d'y placer des personnalités dévouées, comme cela a été le cas en Pologne ou aux États-Unis. Or une partie de la droite républicaine a repris à son actif cette accusation de « gouvernement des juges » à l'occasion de la décision du Conseil constitutionnel rendue le 25 janvier sur la loi immigration. Cela conforte une partie de l'opinion qui a l'impression que l'on censure une loi avec laquelle elle était à l'unisson.

> *« La date du 25 janvier 2024 restera comme une page sombre de l'histoire de la Ve République*

Anne Levade

Je partage votre opinion. C'est un moment grave, car la réaction à la décision du Conseil constitutionnel ouvre le champ à une tendance potentiellement très dangereuse. Nous savons qu'en France il existe une relation compliquée aux juges, qui, pour des raisons historiques, sont suspectés de vouloir remettre en question la force de la loi. Depuis une vingtaine d'années s'est construit un discours politique qui consiste à dire que la volonté politique est battue en brèche par le droit. Jusqu'à maintenant, c'était le droit européen qui était particulièrement visé, un droit incarné par « Bruxelles » mais aussi par les juges. Mais, étant donné que l'opinion publique ne fait généralement pas très bien la distinction entre les différentes cours de justice européennes (CEDH, CJUE), tout cela formait une même cible un peu indistincte. Ce discours a commencé à évoluer récemment au moment de la crise de la Covid-19, lorsque les mesures de restrictions prises pour des raisons sanitaires ont été pointées du doigt comme étant attentatoires aux libertés. Le Conseil d'État a été chahuté, car il a avalisé beaucoup de ces mesures qui avaient été prises par ordonnance. C'est ensuite le Conseil constitutionnel qui a été brocardé pour sa décision sur la réforme des retraites. Depuis le 25 janvier, la critique qui est faite de la décision du Conseil constitutionnel est d'une irresponsabilité majeure, parce que cela accrédite l'idée que la décision du Conseil est de nature politique alors que les amendements déposés par les parlementaires étaient bel et bien des cavaliers législatifs. On entend donc aujourd'hui en France ce discours qui incrimine le droit, accusé de faire obstacle à la volonté politique, censée être la voix du peuple. Cela veut dire en substance : « Débarrassons-nous du droit ! Faisons sauter ces juges qui sont illégitimes ! » Certains proposent même de procéder à un vote du Parlement à une majorité qualifiée pour mettre en cause cette décision rendue par le Conseil constitutionnel… Autrement dit, de s'inspirer de ce qui se fait aujourd'hui en Russie. Là, on franchit une limite et cela est d'autant plus préoccupant qu'en se référant à un sondage qui accrédite l'idée qu'une majorité des Français est favorable au texte de la loi immigration, on en vient à considérer que les juges sont les ennemis du peuple, donc les ennemis de la démocratie. Or je rappelle que la Constitution est aussi l'expression de la souveraineté nationale et que le Conseil Constitutionnel en est le garant.

Marc Lazar

Je vous rejoins, et je dirai que cela témoigne d'une propension à une forme de démocratie illibérale. ●

Notes

[1] Voir notamment l'ouvrage de Yann Algan et Pierre Cahuc, *La Société de défiance. Comment le modèle social français s'autodétruit*, Éditions Rue d'Ulm, 29 mai, 2007.

[2] Le 25 mai 2005, près de 55 % des Français désapprouvent l'idée d'un projet de loi qui autorise la ratification du traité établissant une Constitution européenne, malgré l'avis favorable de la majorité de la classe politique et des médias. Cette date a été analysée comme un événement significatif, traduisant une rupture entre le peuple et les élites.

[3] Olivier Galland et Marc Lazar, « Une jeunesse plurielle. Enquête auprès des 18-24 ans », Institut Montaigne, février 2022.

[4] On pense ici à la loi organique n° 2017-1338 et à la loi no 2017-1339 du 15 septembre 2017 pour la confiance dans la vie politique ou encore à la loi organique n° 2021-1728 et à la loi n° 2021-1729 du 22 décembre 2021 pour la confiance dans l'institution judiciaire.

[5] La forte prééminence du pouvoir exécutif dans la Constitution de la Ve République a succédé à ce qui a été appelé « un parlementarisme absolu » sous la IVe République, responsable d'une instabilité gouvernementale chronique et d'un pouvoir exécutif trop faible pour affronter les crises majeures, notamment la guerre d'Algérie.

[6] Ilvo Diamanti et Marc Lazar, *Peuplecratie. La métamorphose de nos démocraties*, Gallimard, Paris, 2019.

[7] En application de l'article 34-1 de la Constitution, chaque assemblée du Parlement a la faculté de voter des résolutions, sur tout sujet. Contrairement aux lois, les résolutions n'ont pas de caractère contraignant. Elles marquent l'expression d'un souhait ou d'une préoccupation.

[8] Créé par décret du 18 juillet 2007, le Comité de réflexion et de proposition sur la modernisation et le rééquilibrage des institutions de la Ve République, présidé par l'ancien Premier ministre Édouard Balladur, a rendu son rapport le 29 octobre 2007 sans préconiser la suppression de l'article 49.3.

Pour aller plus loin

Article de Vie-publique.fr sur la révision constitutionnelle de 2008 :

https://www.vie-publique.fr/eclairage/268318-la-reforme-de-2008-sur-la-modernisation des institutions#lerenforcement-des-pouvoirs-du-parlement.

La sécurité au défi de l'État de droit

Dominique Rousseau
Professeur émérite de droit constitutionnel
à l'université Paris-I Panthéon-Sorbonne

Bertrand Mathieu
Professeur émérite de droit constitutionnel
à l'université Paris-I Panthéon-Sorbonne,
ancien conseiller d'État en service extraordinaire

De nombreuses menaces ont émergé ou se sont accentuées depuis une dizaine d'années (terrorisme, risque pandémique, dérèglement climatique, violences urbaines...). Face à ces défis, les institutions qui garantissent l'État de droit jouent-elles un rôle appréciable au regard du respect des libertés individuelles ou excessif au vu de l'intérêt général ?

Les citoyens ont parfois le sentiment que de trop sévères interdictions s'exercent à l'encontre de leurs libertés (restriction de l'usage de l'eau et des voitures polluantes, limitation de la liberté de circulation pendant la crise de la Covid, incitation à la vaccination, etc.) Comment l'interprétez-vous? Ce sentiment vous semble-t-il légitime?

Dominique Rousseau

Avant de répondre à la question de la légitimité, revenons d'abord sur celle du « sentiment » : nos libertés sont-elles effectivement plus restreintes aujourd'hui qu'auparavant ou ne s'agit-il au contraire que d'une impression ? Pour ma part, je pense que ce n'est pas seulement une perception mais une réalité. Ces dernières années a été votée par des majorités de droite, de gauche ou du « en même temps » une série de lois qui, sous leurs intitulés flatteurs, renforcent tour à tour la surveillance des citoyens (à l'image de la loi du 25 mai 2021 pour une sécurité globale préservant les libertés), le contrôle administratif aux dépens du juge judiciaire gardien de la liberté individuelle, pénalisent les actions de fraternité [1], restreignent la liberté d'exprimer publiquement ses opinions, remettent en question les droits sociaux... Un exemple parmi d'autres : la multiplication des infractions dites « préventives ». Depuis la loi du 30 octobre 2017 renforçant la sécurité intérieure et la lutte contre le terrorisme, l'administration peut prendre des mesures de restriction des liber-

Manifestation pour la «liberté vaccinale» et contre le passe sanitaire, à Belfort, le 24 juillet 2021
THOMAS BRESSON/ CC BY 4.0

tés dès lors qu'il existe des « raisons sérieuses de penser [qu'un] comportement constitue une menace d'une particulière gravité pour la sécurité et l'ordre publics[2] ». Depuis le droit pénal des Lumières, il fallait un commencement d'exécution, soit un acte, pour ouvrir une procédure de sanction ; aujourd'hui, retour à l'avant-Beccaria, il suffit que l'Administration soupçonne une personne pour limiter sa liberté d'aller et venir. Les restrictions des libertés sont donc bien une réalité et pas seulement une perception. Ou alors faudrait-il dire que les citoyens ressentent la réalité et que par définition le sentiment dont il est question n'est que justifié.

Bertrand Mathieu

La réponse à cette question mobilise plusieurs champs de réflexion, tant les contraintes sont de nature différente et s'inscrivent chacune dans un contexte particulier. Pendant longtemps, les sociétés traditionnelles ont consolidé leurs modes de sociabilité autour de valeurs communes définies dans les cadres de l'Église, de la famille, des classes sociales, des corporations... La révolution libérale de 1789 consacrée par la Déclaration des droits de l'homme et du citoyen va poser comme principe cardinal la primauté de l'individu et de sa liberté. Il n'en reste pas moins que les contraintes et les structures sociales demeurent très prégnantes, et que l'esprit national soude le corps social autour de valeurs et d'un destin partagés. La guerre de 1914-1918 impose aux hommes des contraintes indicibles, supportées au nom de la défense de la patrie. Cinquante ans plus tard, mai 1968 est la marque, ou l'aboutissement, d'une véritable rupture. L'individu veut s'émanciper de toute contrainte collective, « jouir sans entraves », « [sans] Dieu ni maître ». Parallèlement se développe une société de consommation. Aujourd'hui, cependant, les citoyens découvrent des contraintes nouvelles : pandémies (sida, Covid-19...), développement des risques industriels, dérèglement climatique, risque terroriste... Et des libertés quotidiennes, devenues des acquis, sont alors restreintes : liberté de circuler (avec ou sans véhicule), de consommer, voire liberté sexuelle. On passe alors d'une société d'abondance à une société où la norme devient la prudence et la sobriété. Le changement est brutal. Il s'accompagne d'autres restrictions plus insidieuses. Petit à petit s'instaure un nouvel ordre moral, dont de nouvelles règles dans les relations humaines (droit du travail ou de la famille), la réécriture de l'histoire, voire une police de la pensée… sont l'expression. Cette « régression » s'opère sans qu'un nouveau système de valeurs suscitant l'adhésion de la communauté nationale s'instaure. Dans un contexte d'inquiétude (justifiée) sur un avenir, à bien des égards, incertain et dans une société où l'émotionnel remplace le spirituel, le droit à la sécurité l'emporte sur toute autre considération et fait accepter le sacrifice des libertés. Le succès du principe de précaution en témoigne.

Qu'est-ce qui peut justifier que l'on limite les libertés des individus? Dans quelles circonstances cela est-il nécessaire?

Dominique Rousseau

La liberté des autres individus ! Ce n'est pas moi qui le dis, mais la Déclaration des droits de l'homme et du citoyen, qui dispose que « la liberté consiste à pouvoir faire tout ce qui ne nuit pas à autrui : ainsi, l'exercice des droits naturels de chaque homme n'a de bornes que celles qui assurent aux autres membres de la société la jouissance des mêmes droits » (art. 4). Par exemple, si la liberté d'entreprendre nuit à autrui en portant atteinte à ses moyens d'existence, il est possible de la limiter pour permettre aux autres de jouir de ces moyens.

Quant aux circonstances, elles sont toujours qualifiées d'« exceptionnelles » pour qui veut noyer les libertés. La pandémie ne justifiait pas la déclaration de l'état d'urgence sanitaire dans la mesure où tout était déjà rendu possible par le Code de la santé publique, qui, dans son article L. 3131-1, dispose qu'en « cas de menace sanitaire grave appelant des mesures d'urgence, notamment en cas de menace d'épidémie, le ministre chargé de la santé peut, par arrêté motivé, prescrire dans l'intérêt de la santé publique (…) [toute mesure] proportionnée aux risques encourus et appropriée aux circonstances de temps et de lieu [afin] de prévenir et de limiter les conséquences [des menaces possibles] sur la santé de la population. (…) Le ministre peut habiliter le représentant de l'État territorialement compétent à prendre toutes les mesures d'application de ces dispositions, y compris des mesures individuelles. (…) [Ces dernières mesures] font immédiatement l'objet d'une information du procureur de la République ». Instaurer l'état d'urgence était « manifestement inadéquat », puisqu'il existait dans le Code de la santé un article adéquat, c'est-à-dire approprié à la situation et au but poursuivi.

> *« Les circonstances sont toujours qualifiées d'« exceptionnelles » pour qui veut noyer les libertés*

Bertrand Mathieu

Dans son arrêt « Dames Dol et Laurent » du 28 février 1919, le Conseil d'État précise que les limites des pouvoirs de police ne sauraient être les mêmes dans un temps de paix et dans un temps de guerre, où les intérêts de la défense nationale exigent des mesures plus rigoureuses. Les limites à la liberté des individus obéissent, de manière très générale, à trois types de contraintes : le respect de la liberté d'autrui, comme l'a précisé Dominique Rousseau ; l'intérêt général, c'est-à-dire l'intérêt de la collectivité nationale (l'article 1er de la Déclaration de 1789 fait, par exemple, référence à l'« utilité commune ») ; l'ordre public ; enfin, le respect d'une catégorie particulière d'ordre public, que l'on a appelé l'« ordre public immatériel[3] » et qui renvoie au respect de valeurs communes essentielles (tout particulièrement le principe de dignité). La question qui se pose aux autorités politiques,

Zoom

Le rôle du Conseil d'État

Le Conseil d'État est la plus haute juridiction administrative. Cette institution a en charge deux missions :

1/ Le Conseil d'État assure un rôle de conseiller juridique auprès du Gouvernement, de l'Assemblée nationale et du Sénat.

La Constitution du 4 octobre 1958 prévoit trois cas précis de consultation obligatoire du Conseil d'État :

- en vertu de l'article 39, tout projet de loi est délibéré en Conseil des ministres après avis du Conseil d'État (le Conseil examine également l'étude d'impact qui accompagne tout projet de loi);
- l'article 38 impose la consultation du Conseil d'État sur tout projet d'ordonnance avant son adoption en Conseil des ministres;
- enfin, selon l'article 37, la consultation du Conseil d'État est obligatoire sur les textes importants de nature réglementaire (comme les décrets).

Toute autre saisine du Conseil d'État est facultative.

Depuis la révision constitutionnelle de 2008, le Conseil d'État **peut aussi se mettre au service du Parlement** : «Dans les conditions prévues par la loi, le président d'une assemblée peut soumettre pour avis au Conseil d'État, avant son examen en commission, une proposition de loi déposée par l'un des membres de cette assemblée, sauf si ce dernier s'y oppose» (art. 39).

L'analyse du Conseil d'État est juridique. Le Conseil s'assure que les textes soumis sont :

- respectueux de la Constitution, du droit européen et national ;
- cohérents, compréhensibles et applicables dans la vie quotidienne.

2/ Le Conseil d'État est également le juge administratif suprême.

Le système juridictionnel français distingue en effet l'ordre juridictionnel judiciaire, au sommet duquel se trouve la Cour de cassation, et l'ordre juridictionnel administratif, dont la cour suprême est le Conseil d'État.

Le Conseil d'État a des compétences de juge de premier et dernier ressort : pour les recours qui ne relèvent d'aucun tribunal administratif déterminé, pour le contentieux électoral (élections européennes, régionales...). Si la mesure contestée provient du Gouvernement ou d'une autorité administrative indépendante, le Conseil d'État est saisi directement. Si la mesure provient d'une administration locale, c'est le tribunal administratif de la localité qui est saisi. En cas d'urgence, le juge des référés peut prendre une décision provisoire pour protéger une liberté fondamentale. Depuis la création des cours administratives d'appel, les compétences d'appel du Conseil ont été fortement réduites. Son rôle essentiel est celui de juge de cassation. À ce titre, il ne se prononce que sur la bonne application du droit. Le Conseil d'État veille ainsi à **préserver l'intérêt général et l'efficacité de l'action administrative**, tout en protégeant au mieux les droits des citoyens. Ses décisions sont contraignantes pour l'administration.

Vie publique

sous le contrôle des juges, est d'opérer une conciliation entre ces exigences sociales, nécessaires au maintien de la cohésion et de la sécurité de la société, et le respect de la liberté individuelle. L'exercice est d'autant plus difficile que souvent l'apparition d'une nouvelle menace ne permet pas d'en mesurer les développements, condition pourtant nécessaire pour apporter aux libertés individuelles les restrictions strictement proportionnées.

■ Est-on allé trop loin ou au contraire pas assez avec les moyens utilisés dans la lutte antiterroriste?

Dominique Rousseau

Trop ? Pas assez ? Ce qui est sûr, c'est qu'on est allé très loin : basculement de la notion de violation d'une règle par une personne à la dangerosité présumée d'une personne, renforcement des pouvoirs de l'Administration, mise à l'écart du juge judiciaire, déploiement de la vidéosurveillance dans tout l'espace public et débordement sur l'espace privé, accroissement des capacités des services de renseignement (stockage des informations recueillies), création de structures *ad hoc* par le président de la République et affaiblissement corrélatif des organes existants et du Parlement, autorisation d'utiliser des drones pour « suivre » les manifestants…

Deux choses doivent être soulignées. D'abord, les moyens mis en œuvre sont principalement sinon uniquement des moyens de répression des actes et surtout des « avant-actes » ; or, la lutte contre le terrorisme doit être multiforme, et donner par exemple des moyens humains et financiers aux différentes associations de quartier et aux services sociaux de proximité. Ce qui est plus grave, c'est que ces moyens de répression sont désormais là, présents dans le droit positif, pour servir aujourd'hui la lutte contre le terrorisme, mais que nous ignorons les usages qui en seront faits demain. S'en servira-t-on contre les militants syndicaux ? associatifs ? politiques ? Un gouvernement populiste n'aurait pas besoin de faire voter de nouvelles lois pour imposer son ordre ; il lui suffirait d'appliquer celles existantes.

Drone de la police municipale survolant une zone autorisée dans le cadre d'une mission de prévention et de surveillance. Rambouillet, mai 2023
© LAURENT GRANDGUILLOT/REA

Bertrand Mathieu

Il est particulièrement difficile de répondre à cette question. D'abord, il n'appartient pas au juriste de se substituer au politique (une certaine réserve doit également s'imposer au juge), pour deux raisons. La première est qu'il n'a pas la même légitimité démocratique que celle des responsables élus ; la seconde tient au fait qu'il n'a ni les mêmes informations, ni la même expertise. Il n'en reste pas moins que le terrorisme est une forme de guerre. Elle implique donc des mesures exceptionnelles. La réponse au terrorisme ne peut pas être uniquement morale. Face à des actes de violence extrême, l'usage de la force, du contrôle, du renseignement… est indispensable. Croire que la seule affirmation de nos valeurs, fondées sur le respect de la liberté des individus et de la valeur humaine, fera reculer le terrorisme est probablement une grave erreur. Il est irénique de croire que l'exemplarité suffira à faire partager nos valeurs à ceux qui se définissent comme nos ennemis.

> « *La réponse au terrorisme ne peut pas être uniquement morale*

Cela étant, la lutte contre le terrorisme, comme celle contre les pandémies, et, plus largement, la diversification des menaces conduisent à créer des droits d'exception. De ce point de vue, les craintes selon lesquelles certaines mesures prises sous couvert de l'urgence pourraient être pérennisées ne sont pas infondées. Appliquées initialement à des considérations spécifiques de crise, nombre de microdécisions restrictives des libertés pourraient, à faible bruit, s'agglomérer, faisant glisser une société libérale vers une société de surveillance. Cette évolution est d'autant plus inquiétante que le développement des moyens technologiques tend à créer une société de plus en plus intrusive dans la vie privée des individus et qu'il est vain d'espérer qu'un hypothétique retour à plus de sécurité conduirait à en limiter l'usage.

■ L'activité de la police est-elle bien contrôlée? L'Inspection générale de la police nationale (IGPN) devrait-elle être placée hors tutelle de la police, comme c'est le cas dans d'autres pays?

Dominique Rousseau

L'IGPN a une double mission : produire des rapports sur l'organisation et l'efficacité des services policiers et administratifs, et assurer le contrôle de l'action des fonctionnaires de police. C'est cette mission qui fait, depuis quelque temps déjà, l'objet de critiques fondées principalement sur le manque d'objectivité et d'impartialité, puisque l'IGPN est composée de policiers, les fameux « bœuf-carottes », qui doivent contrôler le respect par leurs collègues des lois, des règlements et du code de déontologie dans l'exercice de leurs fonctions. La nomination, en 2022, d'une magistrate à la tête de l'IGPN n'a pas fait cesser les critiques.

Il est vrai qu'au regard du droit comparé du contrôle de l'action des policiers la France fait figure d'exception. En Suède, c'est un « défenseur du peuple » nommé par le Parlement qui a compétence pour contrôler les policiers, comme dans les autres pays nordiques et en Espagne ; en Allemagne, le contrôle se fait au niveau de chaque *Land* par un médiateur. Au Danemark, c'est une autorité indépendante rattachée au ministère de la Justice et composée d'enquêteurs, de magistrats et de membres de la société civile. En Belgique, c'est un comité de contrôle indépendant sous la tutelle du Parlement, présidé par un magistrat et dont les membres sont nommés par la Chambre des représentants.

Dans un rapport du 10 octobre 2023, le Conseil de l'Europe a invité la France à réformer l'IGPN ainsi que l'Inspection générale de la gendarmerie nationale (IGGN) afin d'« améliorer la perception de leur indépendance et de leur impartialité ». Une des solutions pourrait être de confier cette mission de contrôle et d'éventuelle sanction des forces de l'ordre au Défenseur des droits, qui ne serait plus nommé par le président de la République mais par le Parlement.

Bertrand Mathieu

Il convient d'abord de relever que l'existence d'une force publique est une nécessité, inscrite notamment d'ailleurs dans la Déclaration de 1789 (art. 13). Par ailleurs, l'intervention de la police doit être appréciée différemment lorsqu'il s'agit de réprimer la délinquance « ordinaire » (vols, violences sur les personnes, trafics de drogue...) et lorsque le délit intervient dans le cadre de l'exercice du droit de manifester. C'est essentiellement dans ce second cas que la question de l'usage de la violence par la police se pose, alors qu'est

Acte de violence policière pendant la manifestation du 30 janvier 2021 contre la loi pour une sécurité globale préservant les libertés

© BERTRAND VANDELOISE/HANS LUCAS/HANS LUCAS VIA AFP

en jeu un droit fondamental. Il ne m'appartient pas de dire si l'activité de la police est assez contrôlée. On peut cependant observer que la police est confrontée à une violence ordinaire débridée et qu'elle constitue, face à un délitement de l'autorité, l'un des derniers remparts, que les policiers faisant usage de violence sont quasiment systématiquement mis en cause par des juges (parfois peu favorables, comme le montrent certaines déclarations d'un syndicat de magistrats), et que le droit de commettre des violences contre les biens et les personnes ne constitue pas un attribut du droit de manifester. Les violences policières existent, elles sont à l'aune de la violence qui se développe dans notre société. De ce point de vue, c'est la violence exercée par les individus et la violence disproportionnée de la part des forces de police qui doivent être sanctionnées, ce qui n'est pas exactement la même chose. La police est le bras armé de l'État, qui a le monopole de la violence légitime.

> *Le droit de commettre des violences ne constitue pas un attribut du droit de manifester*

Quant à la question de savoir si l'IGPN devrait être placée hors tutelle de la police, sans la trancher, on peut observer qu'en la matière, si l'exercice du contrôle sur les forces policières est essentiel, il ne doit pas paralyser le pouvoir ni l'empêcher de décider et d'agir. J'ajouterai que le contrôle dont il est question doit être exercé en connaissance des contraintes qui pèsent sur l'action policière. Enfin, précisons que le dernier mot revient le plus souvent au juge.

La capacité des États à assurer la sécurité est-elle entravée par la jurisprudence européenne, fondée sur les décisions de la Cour européenne des droits de l'homme (CEDH) et de la Cour de justice de l'Union européenne (CJUE)?

Dominique Rousseau

Une pensée unique se diffuse aujourd'hui dans toute l'Europe, répétant à l'envi que la Convention européenne des droits de l'homme, et la Cour qui les fait vivre et les protège sont responsables tout à la fois de l'affaiblissement des États, de la dissolution des identités nationales, de la colère des peuples, de la crise des démocraties et de la montée des populismes. La multiplication des attentats terroristes ? La faute à la Convention ! L'afflux de réfugiés politiques en Europe ? La faute à la Convention ! La signature de la Convention en 1950 a été un acte politique fondateur de l'ordre juridique que nous connaissons. Dénoncer la Convention – ce qui est évidemment possible – serait également un acte politique, celui de détruire une forme singulière d'organisation politique des sociétés : l'État de droit, c'est-à-dire un État qui a été construit pour assurer et garantir les droits de l'homme définis dans les textes et les déclarations, et, pour les sociétés européennes, dans la Convention de 1950.

Dénoncer la Convention serait enlever aux citoyens l'instrument qui les protège d'un État absolu. Sans la Convention, il resterait l'État, un « monstre froid », disait Nietzsche[4]. Sans doute la France aurait-elle encore la Déclaration des droits de l'homme et du citoyen et le Conseil constitutionnel pour en faire respecter les principes. Mais après la critique de la Convention viendrait celle de la Déclaration. Car les deux textes énoncent et garantissent les mêmes droits, et le Conseil constitutionnel assure avec la même exigence leur respect. Il faut se souvenir qu'en 1993 le sénateur Étienne Dailly avait proposé une révision de l'article 61 de la Constitution qui avait pour objet d'interdire au Conseil constitutionnel de se servir de la Déclaration de 1789 et du Préambule de 1946 pour juger les lois, comme le fait le Conseil depuis sa célèbre décision « liberté d'association » du 16 juillet 1971.

L'adoption de la Convention européenne des droits de l'homme, en novembre 1950, est la réalisation du rêve de son père spirituel, René Cassin, qui deviendra président de la Cour européenne des droits de l'homme en 1965

Bertrand Mathieu

Les cours européennes représentent des outils importants de protection des libertés individuelles, se plaçant en surplomb des considérations étatiques. La Cour européenne des droits de l'homme (CEDH) fonde sa légitimité sur la protection des droits des individus, la Cour de justice de l'Union européenne, dont les compétences sont d'abord économiques, participe également à la protection des libertés individuelles, s'appuyant notamment sur la Charte des droits fondamentaux de l'Union européenne. La CEDH défend une conception selon laquelle les droits individuels, tout du moins certains d'entre eux, prévalent sur la protection des intérêts vitaux de la collectivité nationale. Ainsi, la Cour a pu juger qu'un étranger en situation irrégulière susceptible de subir dans son pays des traitements inhumains ou dégradants (art. 3 de la Convention) ne peut être expulsé alors même qu'il représenterait un « danger public menaçant la vie de la nation » ou aurait « des liens avec une organisation terroriste » (CEDH, 30 août 2022, R. c. France, n° 49857/20). En réalité, la logique étatique et celle des juridictions européennes, tout particulièrement de la CEDH, sont différentes : alors que la juridiction européenne a pour mission de défendre les droits individuels, l'État a pour devoir de protéger ses citoyens. De ce point de vue, le concept d'État de droit ne peut couvrir l'absence de sécurité, il représente essentiellement la protection contre l'arbitraire. Il exige aussi la protection de nos libertés contre toute menace interne ou externe susceptible de les mettre en cause. Il conviendrait ainsi de réfléchir à de nouvelles formes de dialogue entre les autorités étatiques et les juridictions supranationales.

En définitive, comment trouver en matière de sécurité un juste équilibre entre le souci de l'intérêt général et la garantie des libertés individuelles?

Dominique Rousseau

Techniquement, l'équilibre se trouve dans l'usage de l'outil « proportionnel ». Il s'agit, pour le législateur, pour l'Administration, pour les juges, de déterminer, au cas par cas, selon la liberté en cause et selon le contexte, si la restriction décidée est adéquate, nécessaire, adaptée et de veiller à ce qu'elle n'atteigne pas le cœur de la liberté en question, son noyau dur. Facile à énoncer, pas facile à faire !

Pour se guider dans cette opération intellectuelle, il est deux principes philosophiques, politiques possibles. Soit considérer que la sécurité est la première des libertés. Soit que la liberté est la première des sécurités. « Un peuple prêt à sacrifier un peu de liberté pour un peu de sécurité ne mérite ni l'une ni l'autre et finit par perdre les deux », aurait dit Benjamin Franklin. Pas faux !

Bertrand Mathieu

Le déséquilibre existant tient en partie à une crise de confiance qui affecte l'essence même de la démocratie [5]. Au-delà des ajustements ponctuels, dans une société exposée aux menaces de tous ordres, c'est, d'une part, le lien entre le peuple et ses dirigeants qui doit être restauré et c'est, d'autre part, cela va de pair, le rétablissement d'une cohésion nationale face aux menaces qui rendra acceptables les mesures rendues nécessaires.

Il n'en reste pas moins que le pouvoir de décision appartient de moins en moins aux autorités politiques et qu'il convient de prêter une attention particulière aux menaces sur nos libertés qui ne relèvent pas de l'État mais d'intérêts privés. La société de surveillance (voir l'article sur le sujet p.64) est probablement d'autant plus dangereuse qu'elle est entre les mains d'entités irresponsables (GAFAM, IA...). ●

Notes

[1] Dans sa décision du 6 juillet 2018 (n° 2018-717/718 QPC), le Conseil constitutionnel a jugé que qualifier de délit l'aide (directe ou indirecte) aux étrangers en situation irrégulière était contraire au principe de fraternité, « [d'où] découle [...] la liberté d'aider autrui, dans un but humanitaire, sans considération de la régularité de son séjour sur le territoire national ».

[2] Article L. 228-1.

[3] Voir Marie-Odile Peyroux-Sissoko, *L'Ordre public immatériel en droit public français*, LGDJ, Paris, 2018.

[4] « L'État est le plus froid des monstres froids. (...) et voici le mensonge qui s'échappe de sa bouche : "Moi l'État, je suis le peuple." », Friedrich Nietzsche, *Ainsi parlait Zarathoustra*, 1883-1885.

[5] Bertrand Mathieu, *Le droit contre la démocratie ?*, LGDJ, Paris, 2017.

Les inégalités, un risque pour la démocratie ?

Nicolas Duvoux
Professeur de sociologie à l'université Paris-VIII et président du Conseil national des politiques de lutte contre la pauvreté et l'exclusion sociale (CNLE)

Les inégalités contribuent à la déstabilisation de la démocratie. Le niveau élevé d'abstention en est un symptôme. Le sentiment d'insécurité sociale qui frappe les « perdants » de la mondialisation constitue le terreau d'une remise en question du régime démocratique.

Les inégalités constituent un enjeu majeur pour les sociétés actuelles. Comme en témoignent le rapport de l'OCDE *Growing Unequal* [1] ou le succès mondial des ouvrages de Thomas Piketty, dont *Le Capital au XXIe siècle* [2], cette question s'est installée au cœur d'une réflexion sur la soutenabilité des démocraties. L'ampleur des inégalités fait apparaître l'écart entre les normes et valeurs qui structurent les sociétés (liberté, égalité), d'un côté, et la réalité de la distribution des ressources les plus décisives (revenus, patrimoine, deux paramètres étroitement liés au statut socioprofessionnel, mais aussi culture, santé, etc.), de l'autre.

L'effet délétère des inégalités sur la vitalité de la vie sociale, démontré par les épidémiologistes britanniques Richard Wilkinson et Kate Pickett dans leur ouvrage *Pourquoi l'égalité est meilleure pour tous* [3], a, depuis la date de parution de ce dernier, fait l'objet d'un questionnement rendu nécessaire, mais qui s'est radicalisé : à cet égard, plusieurs exemples sont révélateurs, comme l'élection de Donald Trump à la présidence des États-Unis en 2016, dont le mandat s'est terminé par une révolte contre les institutions, ou le Brexit au Royaume-Uni, qui a révélé un fossé entre la métropole de Londres et le reste d'une société paupérisée par trente ans de néolibéralisme.

Dans cet article, il s'agit donc d'analyser la manière dont les inégalités contribuent ou peuvent contribuer à une remise en question de la démocratie. Une définition large des inégalités renvoyant à la distribution des ressources (revenus et patrimoine), prise en compte par les économistes, mais également à la situation socioprofessionnelle, à l'éducation et à la culture, ainsi qu'à la santé psychique et physique, sera retenue. Les inégalités sont de plusieurs types, socio-économiques, mais également de genre ou ethno-raciales quand des discriminations entraînent des différences de traitement entre des groupes de personnes en fonction de caractéristiques ou de leurs origines, réelles ou supposées[4]. Les inégalités ne recouvrent pas toutes les différences, mais toutes les différences peuvent être converties par la société en inégalités.

Vivre en démocratie renvoie à un État de droit, avec des procédures électives qui expriment, de manière directe ou indirecte, la volonté populaire. Il s'agit aussi de placer la question de l'égalité au cœur des processus décisionnels d'une société. Toutefois une telle démarche s'inscrit dans un ensemble de normes qui ont une histoire : l'égalité du début du XXIe siècle n'est pas la même que celle du XXe siècle, les exigences de reconnaissance individuelle s'étant accentuées et l'égalité abstraite étant devenue plus concrète (les individus demandent, de plus en plus, à être reconnus pour ce qu'ils sont). Contribuer à la démocratie, c'est œuvrer à ce que les attentes d'égalité soient respectées, en même temps que renforcer la confiance dans les institutions.

> “
> *Contribuer à la démocratie, c'est œuvrer à ce que les attentes d'égalité soient respectées*

Trois aspects, qui ne représentent aucunement un traitement exhaustif du sujet, méritent une attention particulière ; en premier lieu, les effets des inégalités sur les taux de participation électorale et d'abstention. Ensuite, il convient de s'intéresser à la mise en relation des inégalités sociales avec la remise en question de la démocratie par le prisme de

24 janvier 2019 : Richard Wilkinson et Kate Pickett lors d'une conférence publique sur le thème des inégalités, organisée par le Centre pour l'étude de l'Europe de l'université de Boston

CENTER FOR THE STUDY OF EUROPE/ BOSTON UNIVERSITY/ FLICKR/CC BY-SA 2.0

l'insécurité sociale qui menace de nombreux groupes et appelle, en retour, une reprise de contrôle par l'État potentiellement excluante et non conforme à la démocratie. Enfin, une série d'analyses sur la manière dont la concentration des richesses et des ressources affecte les choix collectifs sera évoquée, montrant comment les inégalités ne se limitent jamais à une dimension économique ou sociale, mais comportent bien des enjeux politiques.

Les inégalités et la participation à la vie démocratique : sociologie de l'abstention électorale

Les inégalités s'expriment directement dans la vie démocratique. En effet, l'abstention, la « mal-inscription électorale [5] » et toutes les formes de distance avec la pratique électorale

Zoom

Les inégalités sont des faits et des constructions sociales

«La mesure des inégalités économiques se caractérise par la *concentration* et la *dispersion* des ressources (revenus et patrimoine). L'écart entre les valeurs centrales de plusieurs populations statistiques traduit les *disparités* qui existent entre celles-ci. Ces mesures s'appliquent aux différents domaines où elles se déploient : la protection sociale, l'école, le logement, la santé, les institutions politiques, la consommation et la culture. Loin d'être des faits "bruts", les inégalités sont le produit de relations sociales inégalitaires. Pour comprendre les inégalités sociales, il est nécessaire de les rattacher à leurs *processus producteurs*. En effet, les inégalités sociales sont des expressions, historiquement et socialement construites, de différences ou de disparités qui renvoient à des dynamiques sociales *qui produisent les groupes eux-mêmes*.

Les inégalités sociales comportent une forte dimension symbolique. Des formes spécifiques de catégorisation sont à la source de privilèges pour certains groupes et de discriminations pour d'autres. Ces derniers se trouvent assignés, c'est-à-dire réduits, à une identité, un statut ou une fonction. Ces assignations empêchent le développement et le maintien de l'estime de soi en même temps qu'elles réduisent l'accès à diverses ressources. Les inégalités économiques sont indissociables des privilèges et désavantages issus de ces formes de catégorisation. La reproduction dans le temps des inégalités sociales suppose qu'elles soient adossées à des répertoires de justification, eux-mêmes rattachés à des institutions.

Toute différence n'est pas nécessairement une inégalité. Pourtant, toute différence est, au moins à titre de possible, interprétable comme telle. Quelles sont les conditions de possibilité pour qu'une différence soit interprétée comme une inégalité? Pour que la privation d'un bien constitue une inégalité, celle-ci doit représenter une injustice ou rompre avec une ou plusieurs des dimensions constitutives de l'égalité, qui est le socle symbolique de la participation à la société depuis la Révolution. Plus un bien est collectivement désiré et plus sa distribution engendrera la privation, et donc l'inégalité. Parce que la possession d'un diplôme est de plus en plus nécessaire pour obtenir un emploi de qualité, par exemple, ne pas en détenir est pénalisant.»

Nicolas Duvoux

Extrait de l'introduction des *Inégalités sociales*, Presses universitaires de France, coll. «Que sais-je?», Paris, 2e édition, 2021.

Des partisans de Donald Trump marchent sur le Capitole, le 6 janvier 2021, entraînant la violation du bâtiment et causant plusieurs morts

sont étroitement liées à des variables sociales lourdes. De plus, un certain nombre d'évolutions, tenant à l'organisation de la compétition électorale ou aux transformations sociales, contribuent au creusement de ces inégalités.

Les variables explicatives de la participation électorale

L'analyse de la séquence électorale de l'élection présidentielle de 2017 a permis de mettre en lumière un différentiel de participation selon des variables dites « lourdes » et structurelles. Céline Braconnier, Baptiste Coulmont et Jean-Yves Dormagen ont ainsi réactualisé, à partir de l'exploitation de l'enquête de l'Insee sur la participation électorale [6], les analyses fondatrices de la politologue Nonna Mayer. Dans une étude [7], ces auteurs démontrent que l'âge, le statut socioprofessionnel mais aussi le niveau de vie contribuent à expliquer les taux de participation électorale. En résumé, les auteurs concluent que les résultats de l'enquête 2017 corroborent les acquis de la sociologie des comportements électoraux : la participation électorale a d'autant plus de chance d'être assidue que l'électeur dispose de ressources économiques, sociales et culturelles importantes.

Le renouvellement des analyses

La confirmation de ces résultats n'empêche pas des interprétations affinées de la contribution des inégalités au différentiel de participation électorale. Il en va ainsi du renouvellement générationnel, qui accentue un certain nombre de tendances par le développement du vote intermittent. Le vote systématique concerne davantage les générations anciennes et les catégories sociales les plus aisées, renforçant l'importance pour les acteurs politiques de satisfaire les préférences de ces groupes [8]. Par ailleurs, les analyses portant sur la « position sociale » ont permis d'affiner l'explication de l'effet des professions et catégories socioprofessionnelles, en soulignant le poids de l'appartenance à des collectifs sur la participation [9]. Les ouvriers, employés et chômeurs votent moins que les autres catégories, notamment les cadres.

Les inégalités globales et le destin des pays du Nord : comment l'insécurité sociale mine la démocratie

Au-delà de la contribution des inégalités au différentiel de participation électorale, les inégalités globales participent à une remise en question des démocraties dans les sociétés du Nord anciennement industrialisées. L'identification des gagnants et des perdants de la mondialisation amorcée dans les années 1980 est claire : les gagnants sont les catégories les plus aisées des pays occidentaux (les 5 % voire les 1 % les plus riches), d'une part, et les classes moyennes des pays en développement, de l'autre. Deux tiers de la population mondiale ont vu leur situation s'améliorer. Les perdants, au moins en termes relatifs, sont les classes moyennes supérieures au niveau mondial (situées entre le 75e et le 90e centile de la distribution globale), c'est-à-dire les classes moyennes des pays occidentaux [10].

Les économistes Angus Deaton et Anne Case ont montré qu'au sein des classes moyennes et populaires des États du Midwest et du Sud-Est des États-Unis les Blancs non qualifiés d'âge intermédiaire (45-54 ans) avaient connu un sévère affaiblissement de leur état de santé (recul de l'espérance de vie) depuis le début des années 2000. Les transformations du système économique, les délocalisations, la dégradation de l'emploi ouvrier et des perspectives qui lui sont liées ont conduit à un véritable effondrement moral de ces groupes (suicides, addictions et dépressions en sont les manifestations, ce que Case et Deaton appellent les « morts de désespoir [11] »). Cet effondrement a nourri, en retour, une adhésion au vote populiste, vote qui, *in fine*,

Rassemblement de «gilets jaunes» sur la place de l'Opéra à Paris, pour l'acte V du mouvement, samedi 15 décembre 2018
© MARTIN BARZILAI/ HAYTHAM-REA

a contribué à une remise en question directe de la démocratie, dont l'assaut du Capitole par des partisans de Donald Trump fut une illustration notoire. De même, au Royaume-Uni, la marginalisation sociale, le déficit d'intégration et la nostalgie ont nourri le vote en faveur du Brexit. De manière générale, les inégalités doivent être appréhendées au plus près de leur expérience vécue. Elles sont bien souvent, à la lumière de ces exemples, le terreau d'une insécurité sociale radicale qui met en cause l'identité même des membres des groupes et peut les conduire sur la voie d'une remise en question de la démocratie.

> *Les inégalités sont bien souvent le terreau d'une insécurité sociale radicale*

En France, le mouvement des « gilets jaunes » ne peut pleinement être expliqué par les inégalités monétaires et son principal indicateur, la pauvreté monétaire relative. Les groupes qui se sont mobilisés appartiennent à un continuum reliant des exclus et des salariés précaires ou aux revenus stagnants, ainsi que des petits retraités et des indépendants. Une commune insécurité sociale, alliant dépossession politique, d'une part, précarité et modestie économique, d'autre part, se cristallise dans une crise de l'avenir et une perte d'espoir quant à la transformation positive de son destin, conduisant à la révolte [12].

Les tendances oligarchiques à l'œuvre : comment l'excès de richesse entrave la démocratie

La lecture économique des inégalités, qui analyse l'évolution de la distribution des revenus et du patrimoine dans les différentes sociétés et à diverses époques, peut masquer les enjeux directement politiques de la concentration des ressources. À cet égard, il est indispensable d'identifier et d'analyser la manière dont les inégalités rejaillissent, par une série de médiations, sur la vie démocratique.

La structuration du paysage politique et médiatique par et pour les riches?

Un des enjeux les plus décisifs de la richesse est sa capacité à influencer le cours de la vie sociale et politique, par l'entremise de sa contribution au façonnement de l'opinion mais aussi par sa capacité de structuration de l'offre politique – problématique centrale dès le XVIIIe siècle, période de formation de l'opinion publique et de ce que le philosophe allemand Jürgen Habermas a appelé l'« espace public ». Nombre de médias sont aujourd'hui achetés et contrôlés par des grandes fortunes, ce qui peut donner lieu à un contrôle sur l'information, élément déterminant de la structuration du débat démocratique. Ce constat appelle une réflexion sur la gouvernance des médias [13]. Au-delà des médias, les dons des particuliers aux partis politiques autorisent des déductions fiscales et concernent, en priorité, les contribuables les plus aisés, favorisant l'expression de leurs choix [14], même si l'existence de plafonds limite la conversion de la fortune en influence directe.

Le laboratoire philanthropique

La philanthropie constitue un laboratoire de l'effet, sur les choix collectifs, de la concentration de la richesse. Comment est-il possible, et pensable, que la fondation (privée) de Bill et Melinda Gates, active à l'échelle planétaire sur les questions de santé, dispose d'autant

« Développement durable : une vision pour l'avenir » : débat en présence des philanthropes Bill et Melinda Gates lors de la réunion annuelle du Forum économique mondial de Davos, le 23 janvier 2015

de ressources que l'Organisation mondiale de la santé ? Cet exemple montre qu'il existe entre la philanthropie et la démocratie une tension structurelle. Rendue largement possible par l'accumulation d'un patrimoine, la philanthropie se situe dans une relation éminemment complexe, voire paradoxale avec la visée égalitaire de la démocratie. Cette tension structurelle est avivée par certaines tendances contemporaines où le patrimoine est de plus en plus hérité et de moins en moins accumulé grâce au travail. Cette tendance se traduit dans l'importance croissante des « grands » ou « très grands » donateurs dans le financement des actions philanthropiques.

La question écologique : qui contribue, qui doit contribuer ?

Les inégalités sont aujourd'hui étudiées à l'aune de la diversité de leurs effets sur les transformations qu'imposent le dérèglement climatique et la nécessité d'entreprendre une décarbonation des économies. En effet, les plus riches émettent beaucoup plus de carbone que les autres catégories sociales, à l'échelle de la planète comme à celle des sociétés particulières. Cette disproportion des contributions et les excès par rapport aux normes de réduction des émissions sur lesquelles se sont engagés les États ne peuvent que mettre en danger les démocraties. Si le mode de vie des riches est incompatible avec le régime de transition écologique, il devient explicable (quoique non justifiable) que la mise en cause du savoir scientifique ainsi que du rapport à la vérité (certaines entreprises dépendantes des énergies fossiles n'hésitent pas à entretenir une forme d'ignorance pour retarder les choix politiques de réduction de l'utilisation de ces ressources dans l'économie[15]) et à la démocratie constitue une ligne de défense des intérêts menacés par les objectifs environnementaux.

Conclusion

La démocratie est un régime fondé sur les principes de liberté et d'égalité. La progression contemporaine des inégalités, à laquelle, comme de nombreuses études s'en font l'écho, les Français sont particulièrement sensibles, a de multiples conséquences sur la vie démocratique. De toute évidence, celle-ci est menacée par l'ampleur des écarts de richesse mais aussi de participation à la vie politique, qui contribuent à en miner la légitimité. •

Notes

[1] *Growing Unequal? Income Distribution and Poverty in OECD Countries*, OCDE, 2008.

[2] Seuil, Paris, 2013.

[3] Les Petits Matins, Paris, 2013; édition anglaise d'origine : *The Spirit Level. Why More Equal Societies Almost Always Do Better*, Allen Lane, 2009.

[4] Nicolas Duvoux, *Les Inégalités sociales*, Presses universitaires de France (PUF), Paris, 2017.

[5] Comme l'expliquent les professeurs de science politique Céline Braconnier et Jean-Yves Dormagen, la «mal-inscription électorale» renvoie au fait qu'un citoyen soit inscrit à un bureau de vote qui ne correspond plus à son lieu de résidence effectif.

[6] Guillemette Buisson et Sandrine Penant, «Élections présidentielles et législatives de 2002 à 2017 : une participation atypique en 2017», Insee Première, n° 1671, octobre 2017.

[7] Céline Braconnier, Baptiste Coulmont et Jean-Yves Dormagen, «Toujours pas de chrysanthèmes pour les variables lourdes de la participation électorale», *Revue française de science politique*, vol. 67, n° 6, décembre 2017, p. 1023-1040.

[8] Laurent Lardeux et Vincent Tiberj (dir.), *Générations désenchantées ? Jeunes et démocratie*, Institut national de la jeunesse et de l'éducation populaire (Injep), La Documentation française, Paris, mars 2021.

[9] Camille Peugny, «Pour une prise en compte des clivages au sein des classes populaires. La participation politique des ouvriers et des employés», *Revue française de science politique*, vol. 65, nos 5-6, octobre-décembre 2015, p. 735-759.

[10] Christoph Lakner et Branko Milanovic, «Global Income Distribution. From the Fall of the Berlin Wall to the Great Recession», *The World Bank Economic Review*, vol. 30, n° 2, juillet 2016, p. 203-232.

[11] *Morts de désespoir. L'avenir du capitalisme*, PUF, Paris, 2021.

[12] Nicolas Duvoux, *L'Avenir confisqué. Inégalités de temps vécu, classes sociales et patrimoine*, PUF, Paris, 2023.

[13] Julia Cagé, *Sauver les médias. Capitalisme, financement participatif et démocratie*, Seuil, Paris, 2015.

[14] Julia Cagé, *Le Prix de la démocratie*, Fayard, Paris, 2018.

[15] Sur le lien entre ignorance et inégalités, voir Soraya Boudia et Emmanuel Henry (dir.), *Politiques de l'ignorance*, PUF, Paris, 2022.

Démocratie et transition écologique

Dominique Bourg
Professeur honoraire à l'université de Lausanne

Démocratie et écologie sont-elles compatibles ? Impossible de répondre à cette question sans une idée claire de ce qu'exige l'actuelle dégradation-transformation du système Terre. La compatibilité n'est pas interdite, mais elle exige une refonte de la démocratie elle-même.

Les démocraties représentatives occidentales dépérissent. Le populisme et l'illibéralisme gagnent, quand ils ne sont pas déjà au pouvoir. L'illibéralisme consiste à disjoindre les mécanismes électifs des limites à l'exercice du pouvoir attachées à l'État de droit et aux libertés et droits fondamentaux ; sans ces derniers, les mécanismes électoraux ne sont plus protégés : les résultats des élections peuvent être contestés en aval, comme l'a fait Donald Trump après la victoire de Joe Biden à l'élection américaine de 2020 ; ils peuvent être totalement faussés en amont, comme dans la Russie de Poutine où une opposition politique effective est empêchée. La majorité, ou prétendue telle, peut tyranniser la population. Le populisme est un phénomène plus complexe qui peut englober l'illibéralisme. Le populisme se caractérise par la personnalité fantasque [1] de ses leaders, laquelle n'est favorable ni à une lecture sérieuse du monde, ni *a fortiori* à un référentiel intellectuel solide ; des leaders qui prétendent incarner le peuple « tout entier », à l'exclusion de tous ceux qui ne votent pas pour eux…

Cet état de choses général n'est guère propice à la prise en compte des questions écologiques, lesquelles exigent pour leur compréhension un arrière-plan scientifique minimal. Une compréhension de l'état du monde que rend aussi impossible la fragmentation du paysage de l'information qui caractérise désormais nos sociétés avec la multiplication des canaux d'information, parmi lesquels figurent les réseaux sociaux. Un autre trait de ces mêmes sociétés – la montée en puissance des inégalités – rend non moins difficile leur écologisation : il n'est pas de sobriété possible, en effet, quand les écarts de revenus atteignent des excès avec une forme de séparatisme des plus riches, laquelle rend impossible quelque chose comme l'intérêt général ; précisons que l'empreinte écologique des individus est proportionnelle à leur niveau de revenus [2]. Démocratie et écologie sont-elles pour autant définitivement incompatibles ? Non, mais une écologisation de la démocratie exige au préalable une mue profonde.

Conséquence directe d'une élévation de la température au sol, la destruction des habitats. De nombreux animaux polaires, comme cet ours affamé, dépendent de la banquise, qui disparaît alors que l'Arctique se réchauffe

ANDREAS WEITH/ CC BY-SA 4.0

Quelles difficultés une transition écologique doit-elle surmonter ?

Avant même d'examiner plus avant la compatibilité entre démocratie et transition écologique, interrogeons-nous sur ce que cette transition peut bien vouloir signifier.

Anthropocène et limites planétaires

Pour tenir compte des impératifs écologiques – lesquels ne renvoient pas à des enjeux idéels, tout du moins directement, mais matériels –, il convient de les connaître. Il est, en la matière, un référentiel qui s'impose, celui des limites planétaires [3], lequel dresse un état des lieux des dysfonctionnements que l'homme suscite au sein du système Terre. Il s'agit de neuf limites qui sont autant d'indicateurs de la sortie de l'holocène et de l'entrée dans l'anthropocène, de la bascule vers un autre état du système Terre sous la pression de nos activités [4]. L'holocène est la période géologique qui commence juste après les derniers rebonds du précédent âge glaciaire ; il aura duré 11700 ans si l'on fait débuter l'anthropocène en 1950, période caractérisée par l'influence massive des activités humaines.

Six des neuf limites sont franchies. Celle de la biodiversité [5] en premier lieu : taux d'érosion des espèces et donc appauvrissement génétique ; accaparement par les activités humaines de la photosynthèse et des flux de matières ; on pourrait mentionner également les premières modélisations d'écosystèmes terrestres et aquatiques montrant une forte probabilité de l'effondrement dans les toutes prochaines décennies d'un écosystème sur cinq [6]. La deuxième limite décisive est le changement climatique : concentration atmosphérique de CO_2 et forçage radiatif avec ses conséquences en termes d'élévation de la température moyenne au sol et sur la fréquence des phénomènes climatiques extrêmes. Viennent ensuite la perturbation des flux d'azote et de phosphore (agro-industrie) ;

puis le changement de l'usage des sols avec la déforestation ; encore l'accumulation au sein de la biosphère d'entités qui lui sont étrangères comme les déchets nucléaires, les OGM, les molécules de synthèse dont les plastiques et les insecticides (3 millions de tonnes par an pour des molécules le plus souvent dangereuses à très faible concentration [7]) ; enfin, la disponibilité réduite des eaux bleue (eau des cours d'eau, des lacs et des nappes phréatiques, des zones humides – surexploitées ou détruites, les réserves d'eau bleue se sont en partie vidées au profit des mers et des océans) et verte (celle qui est stockée dans les sols et par la biomasse – la capacité des sols à retenir l'eau est devenue défaillante en raison de l'effondrement de la vie de ces mêmes sols et d'un taux de perte croissant de matière organique [8]). S'ajoute à cette première liste l'acidification accrue des océans qui découle des perturbations du cycle du carbone, septième limite qui devrait être franchie prochainement (le taux actuel d'acidification et la présence massive de nano et microplastiques constitueraient déjà une menace fatale à la vie marine [9]). Il reste une huitième limite qui ne sera pas franchie, la diminution en quantité de la couche d'ozone, et une neuvième limite, qui concerne les aérosols rejetés dans l'atmosphère par les activités industrielles et agricoles (du sol vers l'air, littéralement) ; ces aérosols réduisent la mousson ou la photosynthèse, mais à une échelle locale, et non globale, d'où le non-franchissement [10].

Quelles leçons tirer de ces limites quant aux relations que nous entretenons avec la nature ? La conséquence de ces limites cumulées est l'altération, et même la réduction, de l'habitabilité de la Terre. Ce constat montre à quel point nous perturbons le système qui nous permet de vivre ; dans certains cas, même la nature semble ne savoir que faire de ce que nous produisons. Soit, en effet, nous enflons des flux au point de déstructurer les stocks en amont comme en aval (carbone, azote, phosphore, eau, etc.) ; soit nous accumulons

Renaturation des pistes de l'aéroport désaffecté de Francfort-Bonames (Allemagne). Elles ont simplement été disloquées pour permettre aux graines et racines d'espèces pionnières et facilitatrices de croître

des macromolécules de synthèse comme les polymères, que la nature ne parvient pas à métaboliser, mais seulement à fragmenter, et qui s'amoncellent pour cette raison dans les milieux, y compris les graisses animales ; soit encore nous dévastons directement des écosystèmes ou détruisons des populations d'espèces diverses.

Un changement de paradigme nécessaire

Quelles conséquences quant aux actions à entreprendre ? Il convient premièrement de réduire drastiquement le volume de nos activités, c'est-à-dire de baisser la hauteur de nos flux d'énergie et de matière. Cela signifie produire moins d'objets et aménager moins d'infrastructures, lesquelles artificialisent des surfaces. Il convient encore de réduire la masse démographique de notre espèce, ce dont se charge l'actuelle transition démographique [11]. Toutes ces opérations sont le préalable à une renaturation – voire un réensauvagement pour partie – de la planète, seules actions à même de restaurer le fonctionnement du système Terre.

Ce n'est pas tout. Non seulement nous produisons trop, mais notre manière de produire semble elle-même inassimilable par la nature. Le premier cas est celui de l'agriculture conventionnelle, qui fonctionne au rebours des écosystèmes, de façon monospécifique, en utilisant des intrants (flux d'azote et de phosphore, pesticides et atteinte à la biodiversité), ce qui conduit à la destruction des richesses et de la structure des sols (baisse du taux de matière organique, extinction de la faune des sols) ; sans même évoquer la santé humaine et animale. Nous produisons en réalité une seconde nature, non assimilable par la nature elle-même. Le cas des polymères artificiels en offre une deuxième et parfaite illustration. De toute évidence, la nature ne sait que faire des macromolécules artificielles ; elle ne parvient qu'à les fragmenter, mais nullement à les décomposer et les réutiliser ; elles s'accumulent ainsi à des échelles variables dans les milieux, tissus vivants compris. Telle est la cause du franchissement de la cinquième limite planétaire. Les macromolécules vivantes disparaissent, quant à elles, avec les êtres vivants qui les produisent, et leurs composants retournent dans le grand cycle du métabolisme de la vie. En réalité, la structure combinatoire du vivant (ADN) a pour conséquence que la nature elle-même n'est qu'une des natures théoriquement possibles ; or nous en produisons une autre, incompatible avec la première qui la rend néanmoins possible [12]. Nous nous sommes engagés dans une impasse mortelle qui exigerait pour le moins un changement profond de nos modes de vie.

Revenons à la renaturation évoquée précédemment. Elle renvoie au géomimétisme de Pierre Gilbert [13]. Elle n'est pas sans lien avec l'objectif international d'une protection d'ici à 2030 de 30 % des surfaces terrestres et marines, dont 10 % sous protection renforcée ; une première étape qui serait substantielle si elle était effectivement appliquée. Ajoutons cependant que nous pouvons nous rapprocher de cet objectif en faisant varier le curseur

Une manifestation organisée par les sections locales de la Fédération nationale des syndicats d'exploitants agricoles et par le syndicat Jeunes Agriculteurs bloque l'autoroute A35 près de Strasbourg, le 30 janvier 2024
© FREDERICK FLORIN/AFP

Portion inondée de la commune d'Arques (Pas-de-Calais), le 4 janvier 2024, à la suite de la crue du fleuve Aa
© CHARLES CABY/AFP

de l'artificialisation : les actions de « renaturation » peuvent aller de la création de coraux artificiels ou de cultures monospécifiques d'arbres à croissance rapide (ce qui est tout sauf souhaitable) jusqu'à l'absence d'action et la forêt primaire au long cours, chère au botaniste Francis Hallé et à son association. L'option réensauvagement est plus claire[14].

Des exigences écologiques incompatibles avec la démocratie ?

Lectrices et lecteurs l'auront compris, une transition écologique exigerait la construction progressive d'un type fondamentalement nouveau de civilisation, et donc non une simple décarbonation de l'énergie ou plus généralement une croissance verte. Il faudrait extraire, produire et rejeter très sensiblement moins, en modifiant jusqu'à la manière de fabriquer ; sans compter d'autres aspects fondamentaux touchant aux relations homme-nature, et partant aux valeurs. Les citoyens-consommateurs sont-ils prêts à accepter ces changements, aussi progressifs soient-ils ? Pour l'heure, d'évidence non. Certaines minorités sont liées à des intérêts économiques forts et opposés, et une grande majorité reste très attachée au consumérisme, leurs consommations matérielles croissantes en étant la preuve. Le refus du « radicalisme » écologique, quand ce n'est de l'écologie tout court, est même désormais un marqueur politique important. En caricaturant quelque peu, à droite, c'est la mise au second plan des enjeux écologiques qui s'impose et, à gauche, il est plutôt question de croissance verte. Pour ne froisser aucune sensibilité, évoquons ici la situation nord-américaine, avec des républicains qui nient le dérèglement climatique et des démocrates qui

Le mont Taranaki, ou mont Egmont (Nouvelle-Zélande), a été reconnu en 2017 comme une personnalité juridique à part entière

JGRAHAM/FLICKR/ CC BY-NC 2.0

ont avec Joe Biden construit une politique de décarbonation de l'énergie.

Qu'est-ce qui pourrait nous pousser à dépasser cette situation et à agir à la hauteur du défi ? Je crains que ce ne soient l'affaiblissement progressif, déjà en cours, de nos capacités de production alimentaire, la récurrence des phénomènes climatiques extrêmes, au premier chef des canicules et des inondations affectant progressivement la possibilité d'assurer de nombreux biens. Un autre phénomène concomitant s'y ajoute : la montée en puissance des vagues migratoires sous la pression de la hausse de la mortalité due à la récurrence et à l'intensité des événements extrêmes, et en premier lieu des vagues de chaleur sèche ou humide. Ce sont déjà 35 % de la population mondiale qui sont convaincus d'être contraints de déménager d'ici à dix ans à cause du changement climatique[15]. Dans les prochaines décennies, ce sont de vastes zones intertropicales qui devraient devenir inhabitables[16]. À quand la désertification de l'Espagne déjà en cours au sud et annoncée par les modèles ? À quand la destruction par le feu des actuelles forêts jurassiennes asséchées, à quand la fin du fromage comté et celle des charolaises dans le Mâconnais compte tenu d'un climat devenu par trop chaud et trop sec ? Ce sont d'ailleurs déjà 27 % des habitants de métropole et 46 % des Antillais qui se déclarent confrontés au dérèglement climatique dans leur vie quotidienne, selon une étude du ministère de la Transition écologique publiée fin décembre 2023. Une proportion plus importante encore se dit soucieuse des conséquences sanitaires des enjeux écologiques. Rappelons qu'avec une augmentation des températures moyennes de 1,5 à 2 degrés depuis l'ère préindustrielle (1850-1900) les phénomènes climatiques extrêmes voient leur intensité doubler.

En dépit de ce constat quant aux dégradations en cours, il n'est aucune incompatibilité définitive entre écologie et démocratie. Pour le comprendre, il convient d'aborder le consensus en creux à défaut duquel il n'est pas de démocratie. Considérons les deux orientations partagées sur lesquelles se sont construites les démocraties représentatives. De la fin du XIXe siècle jusqu'à récemment, une forme de consensus en creux a en effet sous-tendu les démocraties occidentales, faute duquel il n'aurait pu y avoir d'ordre constitutionnel ni d'alternance politique. Les composantes principales de la société s'entendaient sur deux grands objectifs : il convenait de maximiser la production de richesses, d'arracher l'ensemble de la société à l'extrême pauvreté antérieure

> *Il n'est aucune incompatibilité définitive entre écologie et démocratie*

et de répartir par l'impôt la richesse produite par l'industrialisation[17]. Il était en revanche permis de s'opposer sur les meilleurs moyens de maximiser la production de richesses et sur leur répartition la plus juste possible : favoriser autant que possible la liberté d'entreprendre et répartir la richesse en fonction du mérite des uns et des autres à droite ; rationaliser la production et en répartir les fruits d'une façon plus égalitaire à gauche. Tel était le fondement de l'opposition droite-gauche structurant la vie démocratique ; une opposition qui peut évidemment en agréger d'autres, en termes d'éducation, de mœurs, etc. Il pouvait exister aux marges du système des parties de la société refusant ce consensus, comme les extrêmes de gauche ou de droite. Sans ce consensus en creux, il n'aurait pas été possible de s'entendre sur des règles politiques communes, des principes partagés et une orientation générale dépassant les différentes inflexions des majorités successives. Or, ce consensus en creux n'existe plus. Les dégradations infligées à la biosphère imposent un changement de paradigme quant à l'objectif antérieur de maximisation de la production de richesses matérielles. Et il n'est pas non plus de sobriété générale sans une réduction préalable des écarts de richesse. D'où l'incompatibilité entre les actuelles démocraties et l'écologisation des sociétés.

En revanche, rien n'interdit, sur le plan des principes, la construction d'un nouveau consensus en creux, bâti sur une orientation nouvelle donnée au dynamisme des sociétés : non plus la maximisation de la richesse produite, mais la construction de modes d'organisation, de modèles d'échange et de consommation, de modes de vie, au sens le plus large possible, visant une insertion harmonieuse des activités humaines au sein du système Terre. L'opposition droite-gauche pourrait alors se reconstruire autour notamment de la place du curseur de l'artificialisation évoquée plus haut et du degré d'inégalités possibles, avec un spectre plus resserré que précédemment, etc. La forme démocratique – du consensus en creux jusqu'à l'État de droit, inséparable toutefois d'un dépassement des seuls droits humains avec un élargissement de la protection juridique aux non-humains – pourrait ainsi convenir à un mode de civilisation différent de l'actuelle modernité.

Nous avons perdu les premières batailles du climat et de la biodiversité. L'avenir nous dira si nous parviendrons à remporter les combats suivants, et ce au sein de démocraties refondées.

Notes

[1] Voir Christian Salmon, *La Tyrannie des bouffons. Sur le pouvoir grotesque*, Les Liens qui libèrent, Paris, 2020; ainsi que Giuliano da Empoli, *Les Ingénieurs du chaos*, JC Lattès, Paris, 2019.

[2] Selon le rapport annuel de l'ONG Oxfam (septembre 2020), qui s'appuie sur les travaux du Stockholm Environment Institute, les 10% des ménages les plus riches de la planète sont responsables de la moitié des émissions mondiales de CO_2.

[3] Voir Katherine Richardson *et al.*, « Earth beyond six of nine planetary boundaries », Science Advances, vol. 9, n° 37, septembre 2023.

[4] La conscience du fait que l'homme est devenu une force géophysiologique date des années 1990 au moins, avant que l'expression « anthropocène » ne se diffuse et que le premier référentiel des limites planétaires ne soit publié (2009).

[5] À propos de la biodiversité et des extinctions, il convient de bien distinguer les extinctions « coup de fusil » d'autrefois, liées à la chasse excessive, de l'actuelle 6e extinction, dite « extinction holocauste », selon l'expression d'Edward O. Wilson (*La Diversité de la vie*, Odile Jacob, Paris, 1993).

[6] Simon Willcock *et al.*, « Earlier collapse of Anthropocene ecosystems driven by multiple faster and noisier drivers », *Nature Sustainability*, juin 2023, https://doi.org/10.1038/s41893-023-01157-x.

[7] Linn Persson Linn *et al.*, « Outside the Safe Operating Space of the Planetary Boundary for Novel Entities », *Environmental Science & Technology*, vol. 56, n° 3, 2022, p. 1510-1521; Katherine Richardson *et al.*, *op. cit.*

[8] Lan Wang-Erlandsson *et al.*, « A planetary boundary for green water », *Nature Reviews Earth & Environment*, vol. 3, n° 6, 2022, p. 380-392.

[9] Howard Dryden et Diane Duncan, « Climate regulating ocean plants and animals are being destroyed by toxic chemicals and plastics, accelerating our path towards ocean pH 7.95 in 25 years which will devastate humanity », *Environmental Science Journal*, juin 2021, vol. 1, n° 28.

[10] Katherine Richardson *et al.*, *op. cit.*

[11] La transition démographique désigne le passage d'une natalité et d'une mortalité élevées à une natalité et une mortalité faibles.

[12] Voir les travaux du mathématicien et philosophe Nicolas Bouleau : *Ce que nature sait. La révolution combinatoire de la biologie et ses dangers*, PUF, Paris, 2021, et *La Roulette de Monod. La nature est-elle au hasard?*, à paraître aux PUF. Ainsi que Nicolas Bouleau et Dominique Bourg, *Science et prudence. Du réductionnisme et autres erreurs par gros temps écologique*, PUF, Paris, 2022.

[13] Pierre Gilbert, *Géomimétisme. Réguler le changement climatique grâce à la nature*, Les Petits Matins, Paris, 2020.

[14] Voir à ce sujet Gilbert Cochet et Béatrice Kremer-Cochet, *L'Europe réensauvagée. Vers un nouveau monde*, Actes Sud, Arles, 2020.

[15] Voir Obs'COP 2023, *Une planète divisée? L'opinion mondiale face au changement climatique.*

[16] Voir Chi Xu *et al.*, « Future of the human climate niche », *Proceedings of the National Academy of Sciences (PNAS)*, vol. 117, n° 21, 2019, http://www.pnas.org/cgi/doi/10.1073/pnas.1910114117. Pour la chaleur humide, voir Daniel J. Vecellio *et al.*, « Greatly enhanced risk to humans as a consequence of empirically determined lower moist heat stress tolerance », *PNAS*, vol. 120, n° 42, 2023, https://doi.org/10.1073/pnas.2305427120.

[17] Au sujet de la démocratie et du consensus en creux, voir Dominique Bourg, *Au cœur des années affreuses, sales et méchantes. Journal éco-philosophique, 2019-2023*, PUF, Paris, 2023.

Pour aller plus loin

Dominique Bourg, *Au cœur des années affreuses, sales et méchantes. Journal éco-philosophique* (2019-2023), PUF, Paris, 2023.

Les conséquences démocratiques des mutations de la surveillance numérique

Bernard Benhamou
Secrétaire général de l'Institut de la souveraineté numérique

Les démocraties sont confrontées à de nouvelles menaces intérieures et extérieures liées aux évolutions des technologies de surveillance de masse. L'extraction de données sur les individus, qui constitue le « cœur » des modèles économiques publicitaires sur Internet, accentue désormais les risques d'ingérence et de manipulation des opinions publiques. La conception et la régulation des nouvelles générations de technologies comme l'intelligence artificielle ou les technologies d'analyse ADN représentent désormais des enjeux cruciaux pour l'ensemble des sociétés démocratiques.

Avec plus des deux tiers de la population mondiale connectés à l'Internet et 6,5 milliards de smartphones en circulation, les technologies numériques « irriguent » aujourd'hui la totalité des secteurs de l'activité humaine. L'essor des smartphones et des réseaux sociaux a ainsi permis de démultiplier les sources d'information disponibles sur les caractéristiques, les activités, mais aussi les convictions des individus. Les évolutions technologiques de l'Internet ont aussi permis de rendre la surveillance numérique à la fois plus intrusive et plus efficace. En effet, en plus des atteintes aux libertés, ces technologies constituent désormais un risque pour le fonctionnement démocratique de nos sociétés.

En 2013, les révélations de l'informaticien et lanceur d'alerte Edward Snowden sur les programmes de la National Security Agency (NSA), et les dérives liées à la surveillance de masse sont devenues l'un des éléments du débat démocratique sur les technologies. En effet, au-delà des opérateurs de télécommu-

GCHQ Bude (Cornouailles) est une station terrestre de surveillance par satellite du gouvernement britannique, exploitée dans le cadre de l'accord UKUSA pour la collecte de données au profit du réseau de renseignement Echelon

nications, ces programmes de surveillance s'appuyaient sur les données des grandes plateformes de l'Internet et permettaient une surveillance inédite des citoyens. Pour une grande part, ces programmes avaient été développés en dehors d'un cadre légal pourtant favorable aux activités des services de renseignement américains depuis les attentats du 11 septembre 2001. Cette tendance s'est confirmée avec la récente prolongation de la validité de l'article 702 de la loi FISA (Foreign Intelligence Surveillance Act[1]). En effet, cette loi, du fait de son extraterritorialité, impose aux acteurs technologiques américains de transmettre aux services de renseignement les données de leurs utilisateurs non américains, où que ces données puissent être situées dans le monde.

Extraire toujours plus de données sur les utilisateurs...

Comme l'indique Shoshana Zuboff dans son ouvrage *L'Âge du capitalisme de surveillance*[2], les responsables de Google se sont rapidement rendu compte qu'il leur était utile de conserver toutes les requêtes y compris les plus insignifiantes. Cela afin de consolider les profils de leurs utilisateurs et non plus seulement de leur fournir des réponses pertinentes. Ces données sur les utilisateurs que la sociologue américaine nomme le « surplus comportemental » ont ainsi permis la transformation d'un moteur de recherche en acteur publicitaire majeur. Ce que Shoshana Zuboff résumait ainsi : « On croyait chercher sur Google, mais c'était Google qui cherchait en nous. »

La « philosophie » de l'hypertransparence des individus est ainsi devenue le cœur du modèle économique des grandes plateformes publicitaires de l'Internet. Cette évolution correspond aussi à la fin programmée de la vie privée. Ce qu'Eric Schmidt, alors PDG de Google, résumait ainsi : « Si vous faites une chose que vous voulez que personne ne sache, peut-être devriez-vous déjà commencer par ne pas la faire[3]. » Il convient en effet pour ces plateformes de ne jamais tarir ce flux d'informations sur les utilisateurs, qui leur permet de monétiser leurs services. Les acteurs technologiques sont ainsi passés de modèles économiques « productivistes » à des modèles « extractivistes », où l'objectif est d'extraire et de traiter le plus de données possible sur leurs usagers. L'analyse des données des utilisateurs à des fins de « microciblage » est ainsi devenue l'objectif majeur des acteurs publicitaires de l'Internet comme Google ou Facebook. Ainsi, dans un article au titre évocateur, « Ce que 7 brevets effrayants révèlent sur Facebook[4] », le *New York Times* mettait en lumière les méthodes utilisées par le réseau social pour établir des profils psychologiques précis de ses utilisateurs, analyser leurs déplacements et leurs habitudes de vie, de consommation ou encore leur consultation de contenus écrits ou audiovisuels.

Il est ainsi devenu possible de constituer, à des fins de ciblage publicitaire, des profils qui regroupent plusieurs dizaines de milliers de paramètres sur chaque individu, et ce à l'échelle de plusieurs dizaines ou centaines de millions d'individus. Ces profils ultra-détaillés que rassemblent les « courtiers en données » (ou *data brokers*) permettent aussi d'influencer à chaque instant les utilisateurs de ces technologies, en particulier pour faire évoluer leurs habitudes de consommation mais aussi leurs convictions politiques.

En juin 2013, plusieu journaux dévoilent les pratiques de surveillance mondia des communication téléphoniques et su Internet de l'Agence nationale de sécurit américaine (NSA). Des révélations permises par Edward Snowden, informaticien consultant de l'Agence et ancien employé de la Central Intelligence Agency (CIA)

© LAURA POITRAS/ACLU

Des technologies encore plus propices à la surveillance de masse

De nouvelles générations d'objets connectés et de dispositifs comme les automobiles connectées, les capteurs des villes intelligentes ou encore les objets connectés de santé, diversifient encore plus les canaux d'« extraction » d'informations sur les individus. Mais plus que d'accroître les quantités d'informations recueillies sur les usagers, ces évolutions technologiques ont modifié la nature même des activités de surveillance. Ces nouveaux instruments ont ainsi créé des cycles courts entre le recueil des informations et leur utilisation à des fins d'ingérence, de modification des opinions ou des comportements. Au-delà de la lutte contre les activités criminelles liées au terrorisme ou à l'espionnage, il devient possible d'agir sur les individus afin d'influencer à leur insu leurs comportements et même leurs convictions. À l'origine de messages politiques hyperciblés, la société Cambridge Analytica, en lien avec les services de renseignement russes, a ainsi tenté d'influencer les électeurs américains lors de la campagne présidentielle de 2016 ou les citoyens britanniques dans le cadre du référendum sur le Brexit.

La combinaison des données issues des réseaux sociaux et la puissance de traitement des systèmes d'intelligence artificielle peuvent désormais subvertir le fonctionnement démocratique lui-même. Ainsi, pour la juge à la Cour suprême américaine Elena Kagan, le découpage électoral effectué à des fins partisanes (*gerrymandering*), *a fortiori* assisté par intelligence artificielle, pourrait saper les fondements mêmes de la démocratie. En effet, ces manipulations permettraient de rendre certaines circonscriptions électorales « imperdables », et ce de manière imperceptible pour les citoyens. Pour Elena Kagan : « À mesure que le temps passe, les manipulations liées aux redécoupages électoraux ne feront que s'aggraver. Ce qui était possible avec du papier et un stylo [...] est incomparable à ce qui le deviendra avec le développement de l'intelligence artificielle. À mesure que les données deviendront plus précises et que s'amélioreront les techniques d'analyse, quelque part en chemin, la souveraineté du peuple aura disparu[5]. »

Récemment, les technologies d'intelligence artificielle ont permis de personnaliser à moindre coût les données échangées avec les utilisateurs des services de l'Internet. Plus qu'un accroissement de la capacité d'interception des données, ce sont aussi des capacités inédites d'ingérence et de manipulation « automatisées » des opinions publiques qui ont été « démocratisées ». En plus des entités étatiques, ces technologies de désinformation sont devenues accessibles aux acteurs privés ou encore à des groupes politiques. En effet, pour un coût dérisoire, il devient possible de créer des « robots de désinformation autonomes[6] » qui utilisent des systèmes d'intelligence artificielle générative pour répondre spécifiquement à des millions d'utilisateurs en adaptant leurs réponses à leurs profils, tout en leur faisant croire qu'ils sont confrontés à des personnes ayant des opinions réelles...

L'intelligence artificielle permet désormais une extension des technologies de surveillance au-delà des systèmes traditionnels, qui nécessitaient d'importants moyens humains et logistiques pour recueillir et analyser des données sur l'ensemble des citoyens. Ces technologies représentent un enjeu crucial pour les régimes autoritaires et les dictatures souhaitant assurer leur pérennité. Ce qui conduisait Vladimir Poutine à déclarer : « L'intelligence artificielle représente l'avenir, non seulement de la Russie, mais de l'humanité tout entière. La nation qui sera leader dans le domaine de l'intelligence artificielle dominera le monde[7]. » La Chine a aussi développé un dispositif de surveillance de masse de sa population sans équivalent dans le monde : le crédit social. Ce dispositif orwellien, élaboré par certaines des plus puissantes sociétés chinoises comme Alibaba, permet d'attribuer une note à l'ensemble des citoyens chinois. Le crédit social repose à la fois sur des technologies de reconnaissance faciale et des algorithmes d'intelligence

> **“ *L'intelligence artificielle permet désormais une extension des technologies de surveillance***

Washington, les 10 et 11 avril 2018. Mark Zuckerberg, directeur général de Facebook, est auditionné par le Sénat des États-Unis sur les défaillances de l'entreprise en matière de protection des données privées

© LAWRENCE JACKSON/ THE NEW YORK TIMES-REDUX-REA

artificielle. La note attribuée à chaque citoyen chinois a pour objectif d'évaluer son « comportement » social, financier et politique. Une note de crédit social trop basse leur interdit de se déplacer en train ou en avion, d'accéder à certains services publics ou encore d'obtenir un crédit. Un autre exemple illustre l'importance stratégique pour la Chine de développer les technologies d'intelligence artificielle. En 2021, le piratage de la messagerie Microsoft Exchange attribué à la Chine avait pour but non pas d'espionner les entreprises ou les individus mais bien d'améliorer les algorithmes des systèmes d'intelligence artificielle chinois. La Chine visait ici un renforcement de la surveillance sur deux plans : accroître la connaissance sur les individus et les entreprises et améliorer les algorithmes d'intelligence artificielle qui aideront à leur tour à analyser plus finement les données permettant de mieux contrôler les populations[8].

Surveillance de masse et tests génétiques : de *Minority Report*... à *Gattaca*[9] ?

Au-delà des technologies numériques, de nouvelles formes de surveillance de masse commencent à utiliser les données issues des tests génétiques. Ainsi, en Chine, un programme de collecte en masse des données ADN a été mis en place afin d'établir une cartographie génétique complète de la population[10]. Ces données, une fois collectées, pourraient constituer un instrument de suivi et de contrôle inédit des populations dans l'ensemble du pays.

Depuis plusieurs années, la collecte en masse des informations génétiques, en plus des risques qu'elle représente en termes de surveillance des individus, apparaît comme une menace pour la sécurité nationale des États. Initialement, les analyses génétiques étaient réservées aux seules institutions médicales ou judiciaires ; or depuis, dans de nombreux pays, ces données sont devenues accessibles aux usagers de plateformes privées à des fins de recherche généalogique ou pour détecter les prédispositions d'un individu à des pathologies génétiques. Désormais, les fuites de données génétiques constituent aussi un risque de profilage ethnique ou « racial », comme en témoigne le récent piratage du système du laboratoire de tests génétiques californien 23andMe. En effet, à l'issue de cette cyberattaque, les pirates ont spécifiquement extrait puis mis en vente plusieurs millions de profils génétiques d'utilisateurs d'origine juive ou asiatique[11]. Aux États-Unis, des utilisations « radicales » des tests génétiques ont été envisagées pour systématiser la prévention en santé. Cela a été le cas avec la proposition de loi H. R.1313 (Preserving Employee Wellness Programs Act) introduite en 2017 au Congrès des États-Unis. L'objectif affiché de cette proposition de loi était, grâce à des tests génétiques effectués à grande échelle en entreprise, de développer des mesures de prévention et de détection précoce des maladies. Cette loi prévoyait de déployer ces tests génétiques dans les entreprises américaines et d'imposer des pénalités de plus de 5 000 dollars par an à l'encontre des employés qui refuseraient de se soumettre à ce « screening génétique ».

Les dernières générations de dispositifs et de capteurs médicaux connectés constituent aussi une nouvelle source d'informations à la fois sensibles et à très haute valeur ajoutée. Parallèlement à leurs usages médicaux en matière de suivi et de prévention des pathologies, ces objets médicaux connectés pourraient être exploités pour de tout autres fins, notamment la surveillance de masse. À titre d'illustration, plusieurs millions d'ouvriers chinois sont déjà équipés de casques dotés de capteurs électroencéphalographiques pour suivre en temps réel leur état émotionnel[12]. Par ailleurs, des équipes de recherche travaillent déjà sur des technologies d'intelligence artificielle qui

De jeunes Chinoises montrent leur score de crédit Zhima, un système d'évaluation du crédit social individuel développé par Ant Group, filiale du groupe chinois Alibaba. Hangzhou (province du Zhejiang)

© STRINGER/ IMAGINECHINA/ IMAGINECHINA VIA AFP

permettront la transcription des pensées en texte ou en image. Plus récemment, Apple a montré son intérêt pour le développement d'applications médicales reliées aux capteurs de ses montres connectées ou encore de son casque de réalité mixte Apple Vision Pro[13]. Cependant, en cherchant à identifier les réactions intimes de leurs usagers, les objets connectés peuvent aussi donner naissance à de nouvelles formes de surveillance de masse et de manipulations fondées sur l'analyse des données biométriques. Ce que l'historien Yuval Harari décrit en ces termes :

« Il est crucial de se rappeler que la colère, la joie, l'ennui et l'amour sont des phénomènes biologiques comme la fièvre ou la toux. La technologie qui identifie la toux pourrait également identifier les rires. Si entreprises et gouvernements commencent à collecter nos données biométriques en masse, ils peuvent apprendre à nous connaître mieux que nous ne nous connaissons nous-mêmes, et non seulement prédire nos sentiments mais aussi les manipuler et nous vendre tout ce qu'ils veulent, qu'il s'agisse d'un produit ou d'un politicien. La surveillance biométrique ferait ressembler les stratégies de piratage de données de Cambridge Analytica à des outils de l'âge de pierre[14]. »

Technologies de surveillance... ou surveillance des technologies

Pour les services de renseignement mais aussi pour des acteurs privés voire des entités étrangères, les immenses bases de données collectées par les plateformes de l'Internet représentent une manne inespérée. Ces informations suscitent aussi la tentation de modeler les comportements ou d'agir directement sur la fabrique des opinions publiques sans avoir besoin de disposer de relais « humains » au sein d'un territoire ou d'un pays. C'est la raison pour laquelle des plateformes américaines comme Facebook ou X (ex-Twitter) font l'objet d'investigations multiples en raison des risques de nature politique qu'elles présentent. Le réseau chinois TikTok a, quant à lui, été interdit en Inde, en 2020, et dans l'État du Montana, en 2023, en raison des menaces sur les données personnelles de ses utilisateurs et de sa capacité à les influencer politiquement.

En matière de surveillance de masse, l'un des premiers objectifs des prochaines générations de régulations devra être de limiter les risques de dérives liées à la diffusion incontrôlée des données personnelles des utilisateurs. À terme, à l'instar du règlement général sur la protection des données (RGPD), les textes européens de régulation des plateformes et des technologies (Digital Markets Act, Digital Services Act, Data Governance Act et Artificial Intelligence Act) devraient inspirer d'autres législations dans le monde. En effet, au-delà du RGPD, il conviendra aussi de rendre plus difficile le développement de modèles économiques fondés sur l'extraction toujours plus importante d'informations sur les individus. De plus, comme le décrit la sociologue Zeynep Tüfekçi, cette logique publicitaire conduit à amplifier les contenus les plus addictifs qui sont aussi les plus politiquement radicaux : « [Les concepteurs des algorithmes de YouTube] se sont rendu compte que si vous pouvez inciter les gens à penser que vous pouvez leur montrer quelque chose de plus *hardcore*, ils sont susceptibles de rester plus longtemps, pendant que Google leur montre des publicités[15]. »

Les démocraties peuvent ainsi se révéler doublement vulnérables aux manipulations numériques. Vulnérabilité aux ingérences étrangères qui prennent appui sur les technologies des plateformes pour développer et amplifier des campagnes de désinformation. Mais aussi vulnérabilités aux pressions internes pour le contrôle et la manipulation des opinions publiques. En effet, ces technologies de surveillance constituent un risque pour l'ensemble des démocraties lorsqu'elles seront utilisées par des responsables politiques qui, comme cela s'est produit aux États-Unis ou dans certains pays européens, souhaitent mettre en cause l'État de droit.

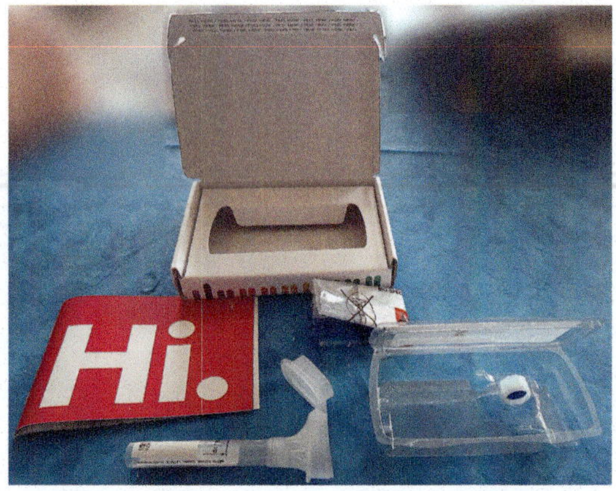

Kit de test génétique par prélèvement salivaire de la société de biotechnologie 23andMe. Le site de la firme a confirmé en octobre 2023 une fuite de données appartenant à 6,9 millions de ses utilisateurs

VEVERVE/CC BY-SA 4.0

Pour les sociétés démocratiques, la détection des ingérences et des atteintes à la démocratie relèvera de plus en plus des technologies liées à la sécurité des données et à l'intelligence artificielle. Les experts de ces technologies pourraient ainsi devenir les seuls à même de vérifier que les opinions publiques n'ont pas été manipulées ou que l'expression des suffrages est restée sincère. À terme, des pressions considérables s'exerceront sur ces experts et leur rôle dans les processus démocratiques ne manquera pas d'éveiller des suspicions de la part des citoyens.

Ainsi, le contrôle par les citoyens des technologies utilisées dans le champ démocratique, et en particulier celles qui interviennent dans les processus électoraux, deviendra encore plus crucial que par le passé. Dans le même temps, il conviendra de redéfinir le périmètre des données sensibles. En effet, les évolutions des technologies d'intelligence artificielle permettent d'analyser des informations en apparence anodines pour déduire des données sensibles sur les individus.

Enfin, les citoyens devront aussi être mieux informés des risques des récentes formes de surveillance et de manipulation qui, comme on a pu le constater lors de la guerre en Ukraine, font désormais partie intégrante des nouvelles formes de ce que l'on nomme désormais les « guerres hybrides ». ●

Notes

[1] Mark Udall et John C. Yang, « How Congress can end the era of warrantless spying on Americans », *The Hill*, 9 janvier 2024 ; https://thehill.com/opinion/technology/4395536-how-congress-can-end-the-era-of-warrantless-spying-on-americans/.

[2] *The Age of Surveillance Capitalism. The fight for a human future at the new frontier of power*, PublicAffairs, New York, 2019 ; traduction française : *L'Âge du capitalisme de surveillance*, Zulma, Paris, 2020.

[3] Richard Esguerra, « Google CEO Eric Schmidt Dismisses the Importance of Privacy », *Electronic Frontier Foundation*, 10 décembre 2009 ; https://www.eff.org/fr/deeplinks/2009/12/google-ceo-eric-schmidt-dismisses-privacy.

[4] Sahil Chinoy, « What 7 Creepy Patents Reveal about Facebook », *The New York Times*, 21 juin 2018 ; https://www.nytimes.com/interactive/2018/06/21/opinion/sunday/facebook-patents-privacy.html.

[5] Zoe Schiffer, « Supreme Court Justice Elena Kagan warns AI-powered gerrymandering could undermine US democracy », *Business Insider*, 28 juin 2019 ; www.businessinsider.com/justice-elena-kagan-warns-ai-powered-gerrymandering-may-hurt-democracy-2019-6. Traduction de l'auteur.

[6] M.J. Banias, « Inside Countercloud: A fully autonomous AI disinformation system », *The Debrief*, 16 août 2023 ; https://thedebrief.org/countercloud-ai-disinformation/.

[7] James Vincent, « Putin says the nation that leads in AI "will be the ruler of the world" », *The Verge*, 4 septembre 2017 ; https://www.theverge.com/2017/9/4/16251226/russia-ai-putin-rule-the-world.

[8] Dina Temple-Raston, « China's Microsoft Hack May Have Had a Bigger Purpose than just Spying », NPR, 26 août 2021 ; https://www.npr.org/2021/08/26/1013501080/chinas-microsoft-hack-may-have-had-a-bigger-purpose-than-just-spying.

[9] Ces deux films représentent deux visions dystopiques de sociétés où les technologies de surveillance sont mises au service d'un contrôle absolu des individus. Dans *Minority Report*, de Steven Spielberg (2002), il s'agit d'une société dans laquelle l'anticipation des comportements criminels anéantit la notion même de vie privée et de liberté de pensée. Quant à *Bienvenue à Gattaca* (1997), le réalisateur Andrew Niccol y décrit une société tout entière organisée autour de la sélection et de l'« amélioration » génétique des individus, et où les personnes non modifiées sont jugées « inférieures » et sont ostracisées.

[10] Sui-Lee Wee, « China Is Collecting DNA From Tens of Millions of Men and Boys, Using U.S. Equipment », *The New York Times*, 17 juin 2020.

[11] Rebecca Carballo, Emily Schmall et Remy Tumin, « 23andMe Breach Targeted Jewish and Chinese Customers, Lawsuit Says », *The New York Times*, 26 janvier 2024.

[12] Tara Francis Chan, « China is monitoring employees' brain waves and emotions – and the technology boosted one company's profits by $315 million », *Business Insider*, 1er mai 2018 ; https://www.businessinsider.com/china-emotional-surveillance-technology-2018-4.

[13] Brian Bushard, « Apple Is Considering Treating Mental Health With $3,500 Vision Pro Augmented Reality Headset, Report Says », *Forbes*, 25 octobre 2023 ; https://www.forbes.com/sites/brianbushard/2023/10/25/apple-is-considering-treating-mental-health-with-3500-vision-pro-augmented-reality-headset-report-says.

[14] Yuval Noah Harari, « Yuval Noah Harari : the world after coronavirus », *Financial Times*, 20 mars 2020 ; www.ft.com/content/19d90308-6858-11ea-a3c9-1fe6fedcca75?segmentid=acee4131-99c2-09d3-a635-873e61754ec6. Traduction de l'auteur.

[15] Annabelle Laurent, « On a construit une infrastructure de surveillance pour que les gens cliquent sur des pubs », *Usbek & Rica*, 2 novembre 2017 ; https://usbeketrica.com/fr/article/notre-attention-et-nos-data-ne-sont-pas-a-vendre-au-demagogue-le-plus-offrant.

Former le citoyen

Iannis Roder
Professeur d'histoire-géographie, membre du Conseil des sages de la laïcité et des valeurs de la République, auteur de *La jeunesse française, l'école et la République* (Éditions de l'Observatoire, 2022)

Une société démocratique suppose le partage de référents communs mais aussi une même capacité à exercer sa raison critique. À ce titre, l'école joue un rôle majeur dans la transmission des connaissances et des aptitudes sociales nécessaires à la vie de tout citoyen. Mais elle peine désormais à mener sa mission à bien. Une réhabilitation de la place essentielle de l'école et des enseignants est cependant à l'œuvre.

« Démocratie et laïcité sont deux termes identiques », proclamait Jean Jaurès, à Castres, le 30 juillet 1904. Le grand homme politique voyait en effet dans la laïcité la condition de l'épanouissement et de la perpétuation de la démocratie. De fait, la laïcité est la possibilité offerte à chaque enfant de France de se détacher de ce qui le détermine en premier lieu, d'acquérir son libre arbitre, d'apprendre à penser par lui-même. Pour Jaurès, la démocratie est un pari permanent qui ne peut être remporté que si les esprits sont ainsi libérés par les enseignements de l'école de la République, car cette libération est la condition de sa perpétuation. C'est également le sens des propos de Ferdinand Buisson quand il déclarait « Le premier devoir d'une République est de faire des républicains [1] ». République et démocratie sont, par principe, liées au consentement citoyen, ce qui, parallèlement à leur solidité assise sur la légitimité populaire, les rend également fragiles, car elles nécessitent, l'une comme l'autre, l'adhésion. La démocratie professe le respect du dialogue et du débat, tout comme celui de l'opinion majoritaire, elle implique la construction de références communes et la mise à distance du particulier pour favoriser l'intérêt général. C'est ce que disait Renan, parlant de la nation : « [L]'essence d'une nation est que tous les individus aient beaucoup de choses en commun, et aussi que tous aient oublié bien des choses [2]. »

La difficile mission de l'école

La démocratie demande une maturité dont la République confie l'acquisition à l'école, par ses règles et ses enseignements. La formation dispensée par l'école et ses maîtres a permis à des générations d'accéder à une citoyenneté consciente, de s'investir dans la vie de la cité, de s'engager au nom d'idéaux collectifs, de construire la fraternité. Le pari de Jaurès et de Buisson a été gagné et nous pensions nous diriger vers un progrès constant, non seulement du développement scolaire et intellectuel des jeunes Français, mais également de notre ancrage démocratique.

Or, d'enquête PISA en enquête PISA, le niveau scolaire des élèves français ne laisse d'inquiéter, et le décrochage des enfants issus des classes populaires est encore plus marqué. Les enfants des quartiers populaires parviennent de moins en moins à se saisir de l'école pour accéder à des niveaux de savoir-faire et de connaissances suffisants, à tel point que 50 % des élèves n'avaient pas une lecture fluide à leur entrée en sixième en 2020 [3]. Or, la pratique de la lecture et de l'écriture est indispensable, notamment pour accéder à la conceptualisation et à l'abstraction. C'est à l'école que s'acquiert la maîtrise de la langue et des mathématiques, que les élèves apprennent à construire des phrases, des textes, à ordonner une pensée à partir d'un sujet, à comprendre la différence entre une cause et une conséquence, à être capable de raisonner. La langue est essentielle et elle manque aujourd'hui à beaucoup qui sont socialement handicapés par ces lacunes. A-t-on déjà oublié l'épisode marquant du baccalauréat de français 2022 lorsqu'un nombre notable d'élèves, incapables de comprendre le terme « ludique [4] », s'en sont pris, sur les réseaux sociaux, à l'auteure du texte proposé ?

Mais les lacunes sont également flagrantes dès que les jeunes sont interrogés sur leurs connaissances générales. Un sondage pour le journal *La Tribune* a ainsi montré combien les 16-24 ans souffrent de lacunes en histoire [5]. 46 % ne sont pas capables de donner l'année du commencement de la Révolution française (celle-ci est enseignée trois fois durant la scolarité, en CM2, en 4e et en seconde), 60 % ne savent pas quand est tombé le mur de Berlin, et 18 % disent ne jamais avoir entendu le terme « Shoah », ce qui de fait est impossible car, là aussi, ces faits historiques sont enseignés trois fois durant la scolarité.

Portrait en buste de Jean Jaurès par Félix Nadar. Musée de Bretagne, Rennes
NADAR/DOMAINE PUBLIC

> ## *Une partie de notre jeunesse n'adhère pas à notre modèle politique*

Parallèlement à ce constat, depuis les premières alertes lancées au début des années 2000 [6], nous assistons à une montée des revendications particulières qui ont commencé à se manifester en classe par des prises de position sexistes, homophobes et antisémites, au nom de considérations religieuses ou communautaires. Aux problèmes proprement scolaires sont ainsi venues s'ajouter les difficultés à enseigner, car les contestations de nature religieuse vont croissant et les professeurs sont de plus en plus nombreux à s'autocensurer. Ils étaient ainsi 36 % à l'avoir fait au moins une fois en 2018, 49 % en 2021, 56 % en 2022, dont 29 % plusieurs fois par an [7].

Les assassinats de Samuel Paty, le 16 octobre 2020, et de Dominique Bernard, le 13 octobre

2023, ont nécessairement contribué à la prise de conscience des réalités du terrain mais aussi des risques qu'encourent les enseignants. Est-il ici nécessaire de rappeler que les deux assassins de ces professeurs de la République ont fréquenté les bancs de notre école? Qu'en ont-ils tiré ? L'assassin de Dominique Bernard a ainsi froidement déclaré : « Vous m'avez appris ce que sont la démocratie et les droits de l'homme, et vous m'avez poussé vers l'enfer [8]. » Force est de constater que ces enseignements n'ont eu, sur lui, aucune prise. Certes, et c'est heureux, ces jeunes sont peu nombreux à passer à l'acte, mais il existe aujourd'hui une partie de notre jeunesse qui n'adhère pas à notre modèle politique et qui s'est sociabilisée au sein de valeurs contraires à celles de la République.

En décembre dernier, à Issou, dans les Yvelines, ce sont de jeunes enfants d'une classe de 6e qui se cachent ostensiblement les yeux pour ne pas avoir à regarder une peinture du XVIIe siècle, *Diane et Actéon*, sous prétexte que quelques jeunes femmes sont représentées (car ce sont des représentations !) dénudées. Leurs parents s'en sont également émus auprès de la direction du collège, protestant contre les pratiques pédagogiques de la professeure de lettres. Le ministre d'alors, Gabriel Attal, a vertement réagi, invitant l'institution à faire de même – des enseignants, dont certains ont peur de « stigmatiser les élèves » ou de « faire le jeu de l'extrême droite [9] », aux chefs d'établissement qui ne se sentent pas toujours soutenus par une hiérarchie intermédiaire qui ne veut pas « faire de vagues ». Le professeur de lettres Grégory Le Floch, dans une tribune remarquée publiée dans *L'Obs* le 9 janvier 2024 [10], explique à ses élèves qu'ils sont empreints d'« une morale rabougrie et aveugle, qui n'est ni de [leur] âge ni de notre siècle ». Des enseignants doivent aujourd'hui supporter ces remarques de jeunes qui refusent de s'ouvrir au monde et de s'émanciper de ce qu'ils pensent les déterminer ; à l'image de ce professeur de philosophie d'un lycée du Val-d'Oise qui, le 20 janvier 2024, explique dans un tweet qu'en séance de vie de classe, demandant à ses élèves de citer une croyance surnaturelle, il se voit répondre par l'un d'entre eux : « L'homme descend du singe, c'est surnaturel, alors qu'en fait on vient d'Adam et Eve », une autre ajoutant : « Le singe, c'est la croyance des athées. » « Tout cela après cinq ou six années de SVT dont il ne reste rien... » ajoute le professeur. Il aurait même pu parler de littérature, d'histoire, de philosophie... Rien n'a fait bouger ces élèves de 17-18 ans... En témoigne encore dans un tweet cette maître de conférences qui prend contact avec le mémorial de la Shoah, car, enseignant la littérature concentrationnaire dans une université d'Île-de-France, elle doit faire face à des questions qui « relèvent de l'antisémitisme » et constate que des élèves ne viennent pas à ce cours obligatoire, se contentant de rédiger un devoir « révisionniste et pamphlétaire » en fin de semestre.

Une partie de la jeunesse conteste notre modèle

De fait, une part de notre jeunesse ne se reconnaît plus dans notre modèle. Mais si une partie réinvestit le religieux [11], une autre, très tolérante et nourrie de culture anglo-saxonne par le biais du *soft power* nord-américain et des réseaux sociaux, ne comprend pas pourquoi chacun ne serait pas libre d'exprimer en permanence ce qu'il a envie de dire ou de montrer. Seul semble compter l'individu et ses désirs immédiats, au nom du respect mais aussi de la liberté dont chacun devrait jouir. On est alors loin de la construction d'un commun cher aux républicains, car l'école deviendrait le supermarché des sensibilités (52 % des lycéens ne sont pas opposés au port de vêtements ou de signes manifestant une appartenance religieuse dans les lycées publics [12]), rendant difficile la construction de

Écriteau brandi par un manifestant lors de l'hommage rendu au professeur Samuel Paty, le 18 octobre 2020 à Paris
© CELINE BREGAND/SIPA

références et d'une citoyenneté partagées avec la volonté d'œuvrer pour l'intérêt général.

C'est dans ces failles ouvertes par les jeunes « tolérants » que s'infiltrent ceux qui ont intérêt à ce que la République ne dresse plus de barrière à l'expression permanente de dogmes religieux. Une partie de ces jeunes confond, à dessein pour certains, la croyance et l'identité, laquelle serait ainsi définie par cette appartenance religieuse. Empêcher de pratiquer son culte à l'école serait dès lors s'attaquer à l'identité. La conséquence de cette essentialisation du religieux est une incapacité à accepter certains enseignements et même d'en discuter. Grégory Le Floch parle ainsi des jugements moraux dont il a à souffrir. Il serait « sale » quand il lit *La Religieuse*, de Diderot, d'autres élèves considérant qu'on devrait interdire *Madame Bovary* pour outrage aux bonnes mœurs.

Cette même jeunesse, dont une partie manifeste une incapacité au dialogue et au débat, est également davantage encline à se reconnaître dans la démocratie dite participative que dans sa forme représentative [13]. Si nous pouvons constater une apparente contradiction, nous pouvons aussi y voir des manifestations de ce que la psychologie nomme la « toute-puissance » et dont Jean-Claude Michéa dit qu'elle « est *d'abord* ce qui caractérise *l'enfant* que nous avons tous été », ajoutant que « c'est justement la fonction première de l'éducation [...] que de rendre progressivement possible la dissolution (ou, au minimum, la neutralisation) de ce désir premier de toute-puissance [...] afin de permettre à l'enfant d'accéder à la "maturité" ; autrement dit à cette capacité d'autonomie qui caractérise l'individu pleinement humanisé [14] ». C'est le dépassement, le domptage, par l'éducation, de ce désir de toute-puissance, qui permet la socialisation. C'est ainsi qu'il faut comprendre, nous dit Michéa, « cette multiplication bien connue des comportements infantiles et narcissiques ». En politique, la toute-puissance se manifeste par l'idée que nos idées doivent impérativement être prises en compte. Or, la démarche de la démocratie participative peut donner cette impression.

Zoom

Comment redynamiser la culture citoyenne ?

La mission d'information du Sénat «Comment redynamiser la culture citoyenne?» a rendu, le 7 juin 2022, un rapport d'information qui établit les constats suivants :

- le fonctionnement des institutions est largement méconnu, notamment chez les jeunes, engendrant un sentiment d'illégitimité en tant qu'électeur;
- le temps consacré aux questions de défense et de sécurité lors de la Journée défense et citoyenneté (JDC) est en baisse continue (moins de trois heures sur huit);
- le service civique présente un intérêt;
- un débat parlementaire sur le service national universel (SNU) est urgent;
- de nombreux jeunes ont un goût pour l'engagement;
- des obstacles peuvent résulter pour certains électeurs du processus électoral, renforçant la nécessité de le «*dépoussiérer*».

Le rapport est assorti de 23 recommandations visant à :

– redéfinir le contenu de l'enseignement moral et civique (EMC) autour de priorités claires, renforçant la connaissance des institutions;
– recentrer la JDC sur ses finalités essentielles;
– préciser le socle juridique du SNU;
– accompagner le développement du service civique;
– moderniser le processus électoral;
– considérer les jeunes comme des acteurs à part entière de la vie démocratique.

Six de ces recommandations supposent de modifier des dispositions législatives en vigueur. Adoptée à l'unanimité par le Sénat le 23 novembre 2023, une proposition de loi déposée par le sénateur de l'Hérault Henri Cabanel invite à tirer les conséquences de ces recommandations dans :

– le Code de l'éducation (connaissance des institutions, principes et valeurs de la République dans l'EMC);
– le Code du service national (recentrer la JDC sur les enjeux de la défense et de la sécurité et sur les métiers correspondants; repérer et orienter les jeunes en difficulté, et permettre le renouvellement de la période de suivi complémentaire du contrat de volontariat à l'insertion);
– le Code général des collectivités territoriales (renforcer la protection des étudiants élus municipaux, départementaux et régionaux, afin qu'ils disposent des mêmes garanties que les salariés titulaires des mêmes mandats);
– le Code électoral (revenir au système de double procuration en vigueur avant que la loi n° 88-1262 du 30 décembre 1988 ne limite le nombre de procurations dont peut disposer un mandataire à «deux, dont une seule établie en France»; étendre l'accès à la propagande électorale sous forme électronique ou classique).

Vie publique

***Diane et Actéon* : huile sur toile (1603) du peintre maniériste italien Giuseppe Cesari, dit le Cavalier d'Arpin. Musée du Louvre. Des élèves du collège Jacques-Cartier à Issou, dans les Yvelines, se sont offusqués de voir cette œuvre présentée par leur professeure**

GIUSEPPE CESARI/ DOMAINE PUBLIC

> *L'exposition prolongée aux écrans et aux réseaux sociaux est également une donnée nouvelle*

L'exposition prolongée aux écrans et aux réseaux sociaux est également une donnée nouvelle ; participant non seulement à l'atomisation de la société, elle agit aussi sur les capacités scolaires de certains jeunes tant leur consommation d'outils numériques est devenue importante. Or, nous dit Bruno Patino dans son livre *La Civilisation du poisson rouge* [15], les stimulations par les écrans aggravent les difficultés de concentration et, très vite, « notre cerveau décroche. Il lui faut un nouveau stimulus, un nouveau signal, une nouvelle alerte, une autre recommandation [16] ». Une étude de Santé publique France pointe que les jeunes enfants exposés aux écrans le matin avant l'école et qui discutent rarement, voire jamais, avec leurs parents des contenus qu'ils regardent ont six fois plus de risques de développer des troubles primaires du langage [17]. Les troubles de la concentration ne sont pas l'unique conséquence de la consommation excessive d'écrans.

Le 3 septembre 2018, Julien Denormandie, secrétaire d'État auprès du ministre de la Cohésion des territoires, visite l'école primaire Victor-Hugo de Garges-lès-Gonesse, dont les CP et CE1 participent au programme de dédoublement des classes

Une école en partie responsable ?

Mais si l'école rencontre des difficultés et connaît des échecs, c'est à elle que revient, depuis l'avènement de la République, la tâche de former le citoyen de demain, de lui donner la faculté d'accéder à l'autonomie du sujet pour le rendre capable d'accepter le débat et la contradiction démocratiques.

Cela fait longtemps déjà que certaines méthodes de lecture utilisées par les professeurs des écoles sont pointées du doigt pour les dégâts qu'elles causent notamment chez les enfants des milieux défavorisés[18]. La réforme nécessaire menée par Jean-Michel Blanquer afin de limiter à 15 le nombre d'élèves par classe en CP et en CE1 au sein des écoles situées en REP (réseau d'éducation prioritaire) et REP + ne peut suffire si les méthodes ne suivent pas.

Les lacunes et obstacles que rencontrent les élèves sont sans doute symptomatiques d'un manque de vocabulaire et d'une difficulté à penser le monde, mais ils peuvent également s'expliquer par le temps insuffisant dont disposent les professeurs, au collège et au lycée, du fait de programmes très chargés. Or, faire réfléchir les élèves, leur faire produire une pensée articulée, leur apprendre à mettre en ordre leurs idées, à les agencer avec logique demande du temps. Malheureusement la structure des programmes pousse les enseignants à aller vite et, le plus souvent, à ne pas prendre ce temps nécessaire. À cet égard, certains exemples sont révélateurs. Les professeurs qui enseignent la spécialité HGGSP (histoire-géographie, géopolitique et sciences politiques) apprécient le temps dont ils dis-

> “
> *L'important est que les élèves puissent comprendre ce que nous sommes à partir de ce que nous étions*

posent pour aborder des questions cruciales. Les élèves de première ont ainsi 25 heures pour travailler sur « Comprendre un régime politique : la démocratie » ou encore jusqu'à 28 heures en classe de terminale pour aborder l'épineuse question « Histoires et mémoires ».

L'enseignement moral et civique, dont le président a annoncé, en janvier 2024, le passage à une heure hebdomadaire, contre 30 minutes précédemment, est un levier de réflexion et d'apprentissage de notre système politique, de ses principes et valeurs, mais à la condition que soient mis en perspective les thèmes abordés. L'important est que les élèves puissent comprendre ce que nous sommes à partir de ce que nous étions. C'est évidemment l'enseignement de l'histoire qui permet cela. « Pourquoi la France est-elle laïque ? » est ainsi une question essentielle et les professeurs doivent prendre le temps de l'étudier avec leurs élèves, à l'image de ce qui est fait en HGGSP. Il n'est pas étonnant de constater que la pédagogie de projet, qui permet de prendre le temps et de produire un travail consistant, rencontre toujours du succès auprès des élèves.

Une institution qui réagit

Les chantiers sont donc multiples. À ceux déjà évoqués s'ajoute celui concernant la formation des enseignants, dont la dimension politique de la mission est rappelée à l'article L. 111-1 du Code de l'éducation, lequel précise : « Outre la transmission des connaissances, la Nation fixe comme mission première à l'école de faire partager aux élèves les valeurs de la République. Le service public de l'éducation fait acquérir à tous les élèves le respect de l'égale dignité des êtres humains, de la liberté de conscience et de la laïcité. » C'est l'ambition du plan national de formation mis en place par J.-M. Blanquer, qui s'attache, depuis 2021, à former l'ensemble des personnels des équipes pédagogiques sur la laïcité et les valeurs de la République. Plus de 1 500 formateurs ont ainsi eu droit à 10 jours complets de formation et prêté renfort aux équipes valeurs de la République[19] des différentes académies. C'est également le but de la nouvelle épreuve orale des concours de recrutement des professeurs des premier et second degrés, qui vise à les interroger sur leurs réactions face à des cas pratiques au regard de leur qualité de fonctionnaire et des valeurs et principes républicains, dont les premiers retours sont encourageants. Ces mesures ont pour objectif d'outiller intellectuellement et sur le plan civique des professeurs désormais mieux formés, plus à même de faire face aux situations de contestation et de transmettre aux élèves ce qui fait le socle de notre République.

Enfin, des expériences de mixité sociale et scolaire sont aujourd'hui menées, à Paris et à Toulouse par exemple, afin d'offrir aux enfants des classes populaires la possibilité d'accéder à des établissements situés en dehors de leur quartier immédiat et donc de se confronter de manière apaisée à des élèves issus d'autres milieux. L'idée est évidemment de casser les ghettos géographiques, sociaux mais aussi mentaux afin de permettre la construction d'une société qui ne soit pas fracturée et dont les valeurs citoyennes soient partagées par le plus grand nombre. La République a fait l'école, et l'école, malgré les difficultés du temps, tente de continuer d'œuvrer à faire la République. ●

Notes

[1] Discours au IIIe congrès annuel du Parti républicain radical et radical-socialiste à Marseille en octobre 1903.

[2] « Qu'est-ce qu'une nation ? », conférence à la Sorbonne, 11 mars 1882.

[3] Marie-Christine Corbier, « À l'entrée en sixième, près d'un élève sur deux n'a pas le niveau de fluidité requis en lecture », *Les Échos*, 10 novembre 2020 ; Sandra Andreu *et al.*, « Évaluations de début de

sixième 2020 : premiers résultats», ministère de l'Éducation nationale et de la Jeunesse, Direction de l'évaluation, de la prospective et de la performance (DEPP), novembre 2020.

[4] L'une des questions posées aux lycéens de voie professionnelle était : «Selon vous, le jeu est-il toujours ludique?»

[5] Jules Pecnard, «Sondage : les alarmantes lacunes des jeunes en histoire», *La Tribune*, 7 janvier 2024.

[6] Voir notamment le rapport de l'inspecteur général Jean-Pierre Obin au ministre de l'Éducation nationale François Fillon : «Les signes et manifestations d'appartenance religieuse dans les établissements scolaires», 2004; et, du même auteur, *Comment on a laissé l'islamisme pénétrer l'école*, Hermann, Paris, 2020.

[7] Voir sondages CNAL-IFOP 2018, Fondation Jean Jaurès-IFOP 2021, *Écran de veille*-IFOP 2022.

[8] *Le Point*, 18 octobre 2023.

[9] Propos rapportés par Grégory Le Floch dans l'émission *Signe des temps*, de Marc Weitzmann, sur France Culture, le 14 janvier 2024.

[10] «Aux yeux de certains élèves, une partie du programme est indécente, voire pornographique», *L'Obs*, 9 janvier 2024.

[11] Philippe Portier, «Rapport annuel de l'Observatoire de la laïcité 2019-2020», décembre 2020, p. 97.

[12] Sondage Licra-IFOP, «"Droit au blasphème", laïcité, liberté d'enseignement... Les lycéens d'aujourd'hui sont-ils "Paty"?», 3 mars 2021.

[13] Voir Frédéric Dabi et Stewart Chau, *La Fracture. Comment la jeunesse d'aujourd'hui fait sécession : ses valeurs, ses choix, ses révoltes, ses espoirs...*, Les Arènes, Paris, 2021; et Olivier Galland et Marc Lazar, «Une jeunesse plurielle. Enquête auprès des 18-24 ans», Institut Montaigne, février 2022.

[14] Dans Jacques Julliard et Jean-Claude Michéa, *La Gauche et le Peuple. Lettres croisées*, Flammarion, Paris, 2017, p. 223-224.

[15] Bruno Patino, *La Civilisation du poisson rouge. Petit traité sur le marché de l'attention*, Le Livre de poche, 2020, 1re édition Grasset, 2019, p. 14.

[16] *Op. cit.*, p. 14.

[17] Manon Collet *et al.*, «L'exposition aux écrans chez les jeunes enfants est-elle à l'origine de l'apparition de troubles primaires du langage? Une étude cas-témoins en Ille-et-Vilaine», janvier 2020; https://beh.santepubliquefrance.fr/beh/2020/1/2020_1_1.html.

[18] Caroline Beyer, «Méthodes de lecture : une enquête inédite assoit la "syllabique" et pointe les errances pédagogiques», *Le Figaro*, 26 mai 2023.

[19] Dépendantes de chaque recteur, les équipes académiques Valeurs de la République sont chargées de former tous les personnels aux valeurs et principes de la République mais également d'aider à la résolution des problèmes rencontrés par les équipes pédagogiques dans l'application du principe de laïcité ou face à la contestation éventuelle des valeurs de la République.

Pour aller plus loin

Serge Barbet, «Comment éduquer aux médias et à l'information?», *Cahiers français*, n° 435, septembre-octobre 2023, p. 68-75.
Brice Couturier, «Ce qu'Internet fait à la démocratie», *Cahiers français*, n° 435, septembre-octobre 2023, p. 60-65.

Un beau livre sur l'histoire de la Vᵉ République à travers celle de la Constitution

Nouvelle édition

Préface
Laurent Fabius

Un parcours vivant à travers plus de 65 ans de notre histoire politique et institutionnelle

ISBN 978-2-11-1557849-4
32 cm x 26 cm
Plus de 200 photographies
Octobre 2023,
298 pages, 27 €

DÉCOUVRIR UN EXTRAIT »

Ouvrage en librairie et sur Vie-publique.fr

La Documentation française

Ce qu'il faut retenir

Une démocratie fragilisée

Plusieurs phénomènes indiquent que la démocratie perd de sa superbe. L'augmentation sensible de l'abstention, la défiance croissante à l'égard des gouvernants et l'essor des formations populistes l'attestent. Régime admiré et envié dans bien des pays, le système démocratique fait l'objet en retour de nombreuses attentes de la part des citoyens, parfois difficiles à satisfaire. En témoigne la quête d'un État puissant, capable de remédier aux principaux problèmes qui traversent la société, d'une part, et, de l'autre, d'une participation accrue des citoyens à la décision politique autrement que par le biais du scrutin. Si elle suppose l'exemplarité des dirigeants et leur souci premier de l'intérêt général, la démocratie, pour fonctionner comme il se doit, nécessite en retour le concours des citoyens par leur vote comme par leur préoccupation de la chose publique. Or la formation d'une opinion éclairée et d'une conscience civique souffre du parasitage croissant du débat public par l'essor de la désinformation et des campagnes de dénigrement à l'encontre des valeurs républicaines.

De nombreux défis

Les défis que doit relever la démocratie semblent ainsi plus nombreux qu'auparavant. L'État providence et la démocratisation de l'enseignement donnaient à penser jusqu'aux années 1980 qu'une vaste classe moyenne rassemblant les deux tiers des Français était en passe de se constituer. La mondialisation a eu raison de ce processus, créant à l'inverse une polarisation de la société qui fragilise les classes populaires, dont la situation s'est précarisée. La multiplication des situations de crise (terrorisme, pandémie, catastrophes naturelles…) rend en outre difficile la conciliation entre les libertés et la sécurité. L'essor des technologies numériques, impliquant des transformations profondes de nos modes de vie, nous expose à la possible émergence d'une société de surveillance. La transition écologique, qui ne saurait uniquement reposer sur la bonne volonté et le consentement des citoyens-consommateurs, est un autre défi de taille dans une société habituée à la quête de l'abondance.

Quels remèdes ?

Le programme des formations populistes repose sur des solutions souvent simplistes dont une démocratie évoluée ne peut se satisfaire. Mais, pour écarter cette tentation, les gouvernants doivent sans doute rechercher les moyens de gagner à nouveau la confiance des citoyens. Une meilleure participation de la population à la décision publique, en dehors des échéances électorales, pourrait se développer par le biais des consultations. Elle permettrait de recueillir notamment un plus large consensus s'agissant des changements en profondeur qu'il convient de mettre en œuvre pour assurer la transition écologique. Une pratique différente des institutions, accordant aux parlementaires un pouvoir plus grand pour contrôler l'action du Gouvernement, est également envisageable. Une telle orientation offre une option alternative intéressante à la demande fréquente d'une révision de la Constitution ou à la mise en cause de la légitimité des attributions du Conseil constitutionnel. La classe politique, sans être le décalque de la société, gagnerait sans doute à se diversifier pour ce qui est, entre autres, de l'origine sociale. La mise en place de règles en mesure de contrôler le fonctionnement des réseaux sociaux et des technologies de recueil des données personnelles s'impose également comme une nécessité. Enfin, la formation du citoyen, assurée largement par l'école, implique un respect des principes républicains, à commencer par la laïcité, mais aussi une plus grande mixité scolaire et une revalorisation de la condition des enseignants.

Les mots du dossier

Citoyenneté

Elle désigne l'appartenance à une communauté politique mais aussi l'ensemble des droits, devoirs et responsabilités qui lui sont liés.

Convention citoyenne

Il s'agit d'une petite assemblée de citoyens tirés au sort, représentatifs de la société, qui se réunissent pour débattre d'une question avant de formuler des propositions aux autorités.

Corps intermédiaires

Entre l'individu et l'État, les corps intermédiaires sont les différents groupes sociaux indépendants (associations, syndicats, partis politiques) rassemblant des citoyens en fonction de leurs opinions et de leurs intérêts.

Démocratie participative

Désigne l'ensemble des démarches et des dispositifs visant à associer les citoyens au processus de décision politique.

Démocratie représentative

Régime politique dans lequel le pouvoir des citoyens s'exerce principalement par l'intermédiaire des représentants qu'ils élisent : députés, conseillers municipaux, départementaux, régionaux.

Droit d'exception

Dans des circonstances exceptionnelles (guerre, pandémie, terrorisme…), un État peut suspendre temporairement certaines garanties juridiques.

État de droit

Ensemble des règles et principes, garantis par le droit, destinés à encadrer l'exercice des pouvoirs. L'État de droit repose sur trois piliers : la hiérarchie des règles de droit, l'égalité des citoyens devant la loi, la séparation des pouvoirs (exécutif, législatif et judiciaire).

État providence

La notion d'« État providence » désigne l'ensemble des interventions de l'État dans le domaine social qui visent à garantir un niveau minimum de bien-être à toute la population, en particulier à travers un système étendu de protection sociale.

Illibéralisme

Courant de pensée mettant en cause certaines libertés essentielles constitutives de la démocratie. Les droits de l'opposition, l'organisation de scrutins équitables, l'indépendance de la justice ou encore la liberté de l'information ne sont plus garantis dans certains pays dont les dirigeants sont pourtant élus par les citoyens (Turquie, Hongrie, Russie…).

Insécurité sociale

Situation de vulnérabilité aux aléas de l'existence (maladie, chômage, accident…), plus prononcée chez les populations les plus fragiles socialement.

Intérêt général

Désigne ce qui dépasse les intérêts particuliers pour le bien de l'ensemble de la collectivité.

Microciblage

Sur les réseaux sociaux, le microciblage s'appuie sur la collecte de multiples données personnelles pour diffuser de manière fine des publicités, des vidéos ou des messages à caractère politique ou commercial.

Populisme

Mouvement politique qui repose sur une critique des gouvernants et des représentants élus, jugés trop éloignés des préoccupations et des intérêts du peuple. Le terme est employé le plus souvent de manière péjorative.

Les chiffres clés

Évolution du taux de participation à l'élection présidentielle

	2002	2007	2012	2017	2022
Premier tour (en %)	71,60	83,77	80,35	77,77	73,69
Second tour (en %)	79,71	83,97	79,48	74,56	71,99

Source : ministère de l'Intérieur.

Comment les Français perçoivent la démocratie

84 % des Français pensent que les citoyens doivent prendre une part plus importante dans le processus de prise de décision politique.

Part des Français jugeant tout à fait prioritaires les propositions suivantes pour améliorer le fonctionnement de la démocratie française :

49 % Le renforcement de l'enseignement scolaire centré sur la démocratie et la participation citoyenne

49 % Le recours à des référendums locaux et nationaux

48 % L'adaptation de la prise de décision locale à la spécificité de chacun des territoires

Source : Ifop, rapport d'étude pour le *think tank* Décider ensemble, décembre 2021.

La confiance des Français dans les institutions

70 % des Français n'ont pas confiance dans la politique contre 55 % en Allemagne, 46 % en Pologne, 66 % en Italie.

68 % des Français estiment que la démocratie ne fonctionne pas bien (+ 4 points par rapport à 2023) contre 47 % en Allemagne, 64 % en Pologne, 63 % en Italie.

51 % des Français s'intéressent à la politique (– 6 points par rapport à 2022) contre 77 % en Allemagne, 72 % en Pologne, 58 % en Italie.

28 % des Français ont confiance dans le Gouvernement contre 36 % en Allemagne, 24 % en Pologne, 31 % en Italie.

Source : OpinionWay pour Sciences Po Cevipof, « En qu(o)i les Français ont-ils confiance aujourd'hui ? », Baromètre de la confiance politique, vague 15, février 2024.

La pauvreté en France

14,5 % de la population métropolitaine vit sous le seuil de pauvreté en **2021**.

14 % de la population métropolitaine est en situation de privation matérielle et sociale (soins, alimentation de qualité, loisirs, congés, chauffage, etc.) **au début de 2022**.

Source : Insee.

Les conventions citoyennes

2019-2020
Convention citoyenne sur le climat

2022-2023
Convention citoyenne sur la fin de vie

Les dates clés

1789

26 août

Adoption par l'Assemblée nationale constituante de la Déclaration des droits de l'homme et du citoyen.

1848

Instauration du suffrage universel masculin par la IIe République.

1944

Presque cent ans après les hommes, les femmes jouissent enfin du droit de vote et peuvent désormais être élues. Les Françaises votent pour la première fois en 1945.

1948

10 décembre

Adoption de la Déclaration universelle des droits de l'homme par l'Assemblée générale des Nations unies, à Paris.

1958

Instauration de la Ve République par le général de Gaulle en vue de renforcer le pouvoir exécutif.

1962

Une révision constitutionnelle introduit l'élection du président de la République au suffrage universel.

2000

Une révision de la Constitution approuvée par référendum réduit le mandat du président de la République à cinq ans.

2002

21 avril-5 mai

Le leader du Front national, Jean-Marie Le Pen, se qualifie au second tour de l'élection présidentielle avec 16,86 % des votes.

2007

décembre

Adoption du traité de Lisbonne, qui reprend une large partie du projet de Traité constitutionnel européen rejeté par les électeurs français lors du référendum de mai 2005. L'opposition parle de « déni de démocratie ».

2008

À la suite de la révision constitutionnelle portant sur la modernisation des institutions, les pouvoirs du Parlement sont renforcés et le président ne peut désormais exercer plus de deux mandats successifs.

2015

Le 7 janvier 2015, des terroristes islamistes assassinent plusieurs membres de la rédaction du journal *Charlie Hebdo*. Le 13 novembre, à Paris et à Saint-Denis, plusieurs attentats terroristes sont également perpétrés. Le bilan est très lourd : 130 morts et 350 blessés.

12 décembre

Adoption de l'accord de Paris par la Conférence des Nations unies sur les changements climatiques (COP 21).

2020

16 octobre

Professeur d'histoire-géographie, Samuel Paty est décapité par un terroriste islamiste à la sortie du collège où il enseignait.

2022

L'Union européenne adopte deux règlements relatifs à Internet : le Digital Markets Act, visant à encadrer les pratiques des géants du numérique, et le Digital Services Act, destiné à lutter contre la circulation de contenus illicites en ligne en responsabilisant les plateformes.

24 février

Début de l'invasion de l'Ukraine par la Russie.

2023

13 octobre

Assassinat du professeur de lettres Dominique Bernard à Arras par un terroriste islamiste.

2024

4 mars

Le Parlement réuni en Congrès à Versailles vote l'inscription dans la Constitution de la liberté des femmes à recourir à l'interruption volontaire de grossesse (IVG). Une première mondiale.

Le dossier en dessins

© PHILIPPE TASTET- ICONOVOX

© SAMSON- ICONOVOX

Pour en savoir plus

Ouvrages, rapports et articles

Raymond Aron, *Penser la liberté, penser la démocratie*, Gallimard (coll. « Quarto »), Paris, 2005.

Marie-Hélène Bacqué et Yves Sintomer (dir.), *La Démocratie participative. Histoire et généalogie*, La Découverte, Paris, 2011.

Dominique Bourg *et al.*, *Retour sur terre. 35 propositions*, Presses universitaires de France (PUF), Paris, 2020.

Gérald Bronner, *La Démocratie des crédules*, PUF, Paris, 2013.

Julia Cagé, *Le Prix de la démocratie*, Fayard, Paris, 2018.

Cahiers français, « Démocratie : crise ou renouveau ? », nos 420-421, La Documentation française, mars-juin 2021.

Cahiers français, « Médias et démocratie », n° 435, La Documentation française, septembre-octobre 2023.

Ilvo Diamanti et Marc Lazar, *Peuplecratie. La métamorphose de nos démocraties*, Gallimard, Paris, 2019.

Nicolas Duvoux, *Les Inégalités sociales*, PUF, coll. « Que sais-je ? », Paris, 2021 (1re édition 2017).

Laurent Lardeux et Vincent Tiberj (dir.), *Générations désenchantées ? Jeunes et démocratie*, Institut national de la jeunesse et de l'éducation populaire (Injep), La Documentation française, Paris, 2021.

Anne Levade, Nadim Farhat et Philippe Poirier (dir.), Res publica *et Parlement. Quelles représentations pour quelles démocraties*, Bruylant, Bruxelles, 2023.

Bertrand Mathieu, *Le droit contre la démocratie ?*, LGDJ, Paris, 2017.

Asma Mhalla, *Technopolitique. Comment la technologie fait de nous des soldats*, Seuil, Paris, 2024.

Géraldine Muhlmann, *Pour les faits*, Les Belles Lettres, Paris, 2023.

Thomas Piketty, *Le Capital au XXIe siècle*, Seuil, Paris, 2013.

Iannis Roder, *La jeunesse française, l'école et la République*, Éditions de l'Observatoire, Paris, 2022.

Dominique Rousseau, *Six Thèses pour la démocratie continue*, Odile Jacob, Paris, 2022.

Christian Salmon, *La Tyrannie des bouffons. Sur le pouvoir grotesque*, Les Liens qui libèrent, Paris, 2020.

Dominique Schnapper, *La Démocratie providentielle. Essai sur l'égalité contemporaine*, Gallimard, coll. « NRF essais », Paris, 2002.

Perrine Simon-Nahum, *Sagesse du politique. Le devenir des démocraties*, Éditions de l'Observatoire, Paris, 2023.

Sur Internet, une sélection de sites

assemblee-nationale.fr
→ Site de l'Assemblée nationale.

cncdh.fr
→ Site de la Commission nationale consultative des droits de l'homme.

cnil.fr
→ Site de la Commission nationale de l'informatique et des libertés (CNIL).

conseil-constitutionnel.fr
→ Site du Conseil constitutionnel.

echr.coe.int/fr
→ Site de la Cour européenne des droits de l'homme.

insee.fr
→ Site de l'Institut national de la statistique et des études économiques (Insee).

ipsos.com/fr-fr
→ Site de l'entreprise de sondages Ipsos.

lecese.fr
→ Site du Conseil économique, social et environnemental.

rsf.org/fr/classement
→ Classement mondial de la liberté de la presse 2023, publié par Reporters sans frontières.

sciencespo.fr/cevipof/fr
→ Site du Centre de recherches politiques de Sciences Po.

www.senat.fr
→ Site du Sénat.

www.vie-publique.fr
→ Site d'information de la Direction de l'information légale et administrative (DILA).

STETHOSCOPE
TROUVÉ
Nous recherchons activement son propriétaire sur la ville de Saran.
Médecins, soyez les bienvenus à Saran !
Saran, commune de 16 300 habitants située dans l'agglomération d'Orléans vous propose d'installer votre cabinet médical dans notre commune.
Saran
{ Ensemble, vivons notre ville ! }
www.saran.fr
CONTACTEZ-NOUS cabinet.maire@ville-saran.fr 02 38 80 35 23
CONTACTEZ-NOUS cabinet.maire@ville-saran.fr 02 38 80 35 23
CONTACTEZ-NOUS cabinet.maire@ville-saran.fr 02 38 80 35 23
CONTACTEZ-NOUS cabinet.maire@ville-saran.fr 02 38 80 35 23
CONTACTEZ-NOUS cabinet.maire@ville-saran.fr 02 38 80 35 23
CONTACTEZ-NOUS cabinet.maire@ville-saran.fr 02 38 80 35 23
CONTACTEZ-NOUS cabinet.maire@ville-saran.fr 02 38 80 35 23
CONTACTEZ-NOUS cabinet.maire@ville-saran.fr 02 38 80 35 23

Que faire contre les déserts médicaux ?

Magali Dumontet
Maître de conférences en sciences économiques
à l'université Paris-Nanterre, spécialiste de l'économie de la santé
et coauteure de l'ouvrage *Remédier aux déserts médicaux*[1]

André Grimaldi
Médecin, professeur émérite de diabétologie à la Pitié-Salpêtrière
et cofondateur du Collectif inter-hôpitaux,
auteur de *L'hôpital nous a sauvés : sauvons-le !*[2]

Quels moyens mettre en œuvre pour remédier à une offre de soins devenue très insuffisante dans certaines régions françaises ? Peut-on faire l'économie de mesures contraignantes ?

■ À quand remontent les premiers signes de la désertification médicale de certaines régions françaises? À quoi ce phénomène tient-il et quelles sont les régions les plus touchées?

Magali Dumontet

Cette question renvoie au problème plus large et plus ancien de l'inégale répartition des médecins sur le territoire français, qui date au moins du XVIIIe siècle[3]. C'est à partir du milieu des années 2000, de façon concomitante à la diminution des effectifs de médecins généralistes, que l'expression de « désert médical » est popularisée en France aussi bien par les médias que par nombre d'élus. En 2022, 30 % de la population vivait dans un supposé désert médical.

Cette situation s'explique, d'une part, par la diminution de l'offre de soins médicaux et, d'autre part, par l'augmentation des besoins de soins imputables à l'accroissement de la population et au développement des maladies chroniques. Cette raréfaction de l'offre médicale est liée à la mise en place d'une politique drastique de réduction du nombre d'étudiants formés en médecine. On assiste à la fin des années 1970, et ce jusqu'à la fin des années 1990, à une diminution très nette du *numerus clausus*, qui fixe le nombre d'étudiants autorisés à poursuivre les études de médecine en deuxième année. En 1993, ce dernier atteint un plancher de 3 500 places, marquant ainsi un recul de 60 % du nombre d'étudiants en médecine par rapport à 1972 (voir graphique 1). À la fin des années 1990, le *numerus clausus* est progressivement augmenté pour

▼ **Évolution du *numerus clausus* en médecine**

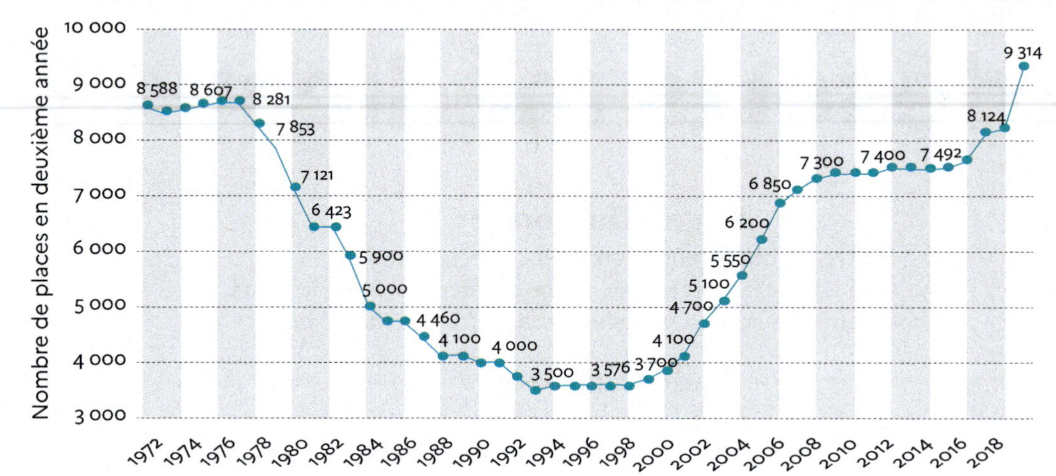

Lecture : en 2018, 8 205 étudiants de première année des études médicales étaient autorisés à poursuivre leurs études en deuxième année.

Source : Légifrance, arrêtés fixant le nombre d'étudiants de première année du premier cycle des études médicales autorisés à poursuivre leurs études en médecine.

être actuellement remplacé, depuis 2019, par un *numerus apertus*.

Toutefois, les effets du resserrement du *numerus clausus* amorcé à la fin des années 1970 sur les effectifs et la densité médicale demeurent bien visibles actuellement. Le graphique 2 souligne que la densité standardisée de médecins (qui tient compte de la structure de la population) diminue depuis 2009. Selon les prévisions, cette raréfaction de l'offre de soins par rapport aux besoins devrait durer jusqu'en 2027. Cette diminution se révèle plus marquée pour les généralistes (– 15 % entre 2009 et 2027) que pour l'ensemble des médecins (– 6 % entre 2009 et 2027). Durant les prochaines années, les problèmes d'accès aux soins et plus particulièrement en médecine générale devraient s'accroître. Toutefois cette raréfaction de l'offre devrait être temporaire, car les effets de la politique de relèvement du seuil du *numerus clausus* devraient tôt ou tard s'observer sur les effectifs. Les projections indiquent à partir de 2027 une augmentation continue jusqu'en 2040 de la densité standardisée de médecins et de médecins généralistes. En 2034, la densité standardisée de médecins devrait être la même que celle observée en 1994.

> “ **Cette raréfaction de l'offre de soins devrait durer jusqu'en 2027**

En raison des différences d'attractivité des territoires, le phénomène de raréfaction de l'offre de soins n'affecte pas toutes les régions de la même façon. À l'échelle régionale, la densité de médecins généralistes libéraux met en évidence des oppositions entre les régions bien dotées du sud de la France (Occitanie, Nouvelle-Aquitaine, Provence-Alpes-Côte d'Azur) et celles moins bien dotées, voire sous-dotées, de la moitié nord (en particulier Centre-Val de Loire, Île-de-

▼ Évolution de la densité standardisée de médecins et de médecins généralistes

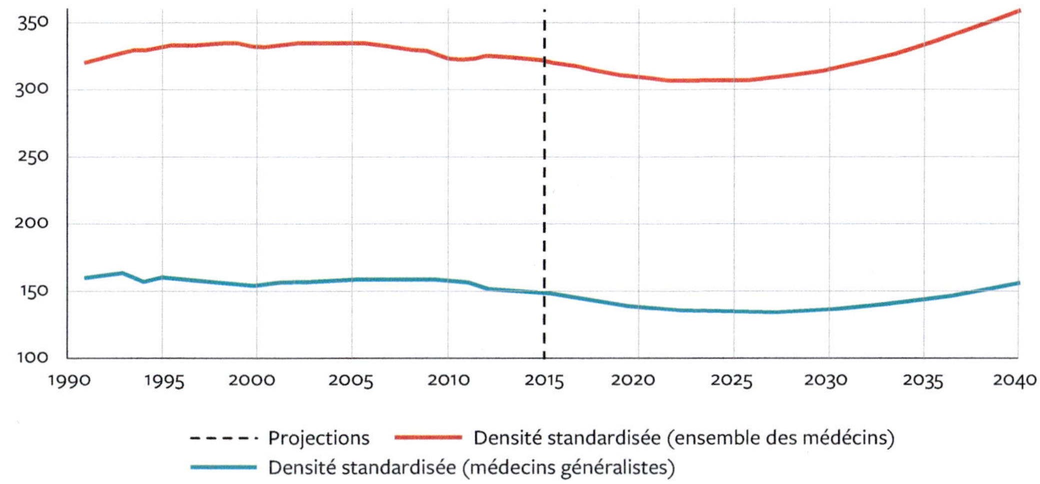

Lecture : en 2010, le nombre de médecins pour 100 000 habitants était de 322.
Source : ADELI, RPPS, Projections DREES 2015, Insee, estimations de population, projection de population 2007-2060.

Maison de santé du village du Donjon (Allier). Cette jeune médecin, ici avec des patients, a bénéficié pour ses études d'une bourse du conseil général en contrepartie d'une installation dans une zone rurale du département

France et Normandie). Si des différences entre régions sont bien visibles, c'est majoritairement au sein même des régions que les disparités sont le plus marquées. Entre 2004 et 2015, la raréfaction de l'offre (baisse de la densité de médecins généralistes) est la plus forte dans les zones rurales, dans les villes de 50 000 à 99 999 habitants puis dans l'agglomération de Paris et dans les villes petites et moyennes. Dans les autres espaces, petits bourgs (2 000 à 4 999 habitants) et grandes villes de 100 000 habitants et plus, l'évolution de la densité est moins défavorable que la moyenne[4].

André Grimaldi

Comme l'a expliqué Magali Dumontet, la désertification médicale est le résultat du *numerus clausus* instauré en 1971 et poursuivi de façon continue et de plus en plus resserrée jusqu'en 1998. Cette réduction drastique (de 8 500 à 3 500 étudiants admis en faculté de médecine) appliquée sans modifier les conditions d'exercice de la médecine libérale – liberté d'installation, paiement à l'acte, refus de délégation de tâches aux paramédicaux, notamment aux infirmières et aux pharmaciens – ne pouvait que favoriser l'émergence de déserts médicaux. Ce *numerus clausus* faisait pourtant l'unanimité au sein des partis politiques de droite comme de gauche, parmi les représentants des médecins hospitaliers et libéraux, les économistes et les gestionnaires de santé. L'argument était qu'« en santé c'est l'offre qui crée la demande » ; autrement dit, c'est le médecin qui crée si ce n'est le malade, du moins le patient. De 1998 à 2003, la Sécurité sociale a payé des départs en retraite anticipée à partir de l'âge de 57 ans à plus 15 000 médecins pour combattre la « pléthore médicale ». Magali Dumontet l'a également rappelé, cela fait environ vingt ans que l'on parle de déserts médicaux. Parmi les causes directes à l'origine de ce phénomène, il faut ajouter le fait que 5 à 10 % des 55 000 médecins généralistes ont un exercice dit « particulier » (médecine du sport, allergologie, nutrition ou médecines dites alternatives) et mentionner surtout les changements des conditions d'exercice. Les jeunes médecins, hommes comme femmes, ne veulent pas consacrer leur vie entière au travail mais souhaitent équilibrer vie professionnelle et vie personnelle. Assez logiquement, les médecins libéraux choisissent des lieux d'installation leur offrant à la fois des conditions de travail satisfaisantes et une bonne qualité de vie, donc plus le Sud que le Nord, plus la ville que la ruralité, plus le centre-ville que la périphérie, plus les quartiers riches que les quartiers populaires, plus les quartiers sud de Marseille que les quartiers nord de la ville.

■ Les mesures incitatives (exonérations fiscales, aides financières, entre autres) ont-elles poussé de jeunes médecins à s'installer dans les territoires le moins dotés?

Magali Dumontet

Depuis 2005, la France a mis en place un certain nombre de dispositifs incitatifs visant à attirer ou à maintenir des médecins dans les zones « sous-dotées ». Ils dépendent de l'État, de l'assurance maladie et des collectivités territoriales. Il peut s'agir d'aides à l'installation dans les zones de revitalisation rurale, de bourses d'études pour les étudiants, d'exonérations fiscales ou encore d'aides matérielles ou immobilières. La littérature internationale montre un effet positif et modéré des incitations financières sur le recrutement et le maintien des professionnels de santé en zone sous-dotée. Ces mesures ont des effets variables selon le type de dispositif concerné.

En France, les évaluations de ces dispositifs sont peu nombreuses et difficiles à effectuer du fait de leur multiplicité. Les incitations financières, en particulier l'avenant n° 20 à la convention médicale, signé durant l'été 2023, qui prévoit une majoration des honoraires pour les médecins exerçant en groupe dans une zone sous-dotée, ont fait l'objet en 2014 d'une évaluation négative de la part de la Cour

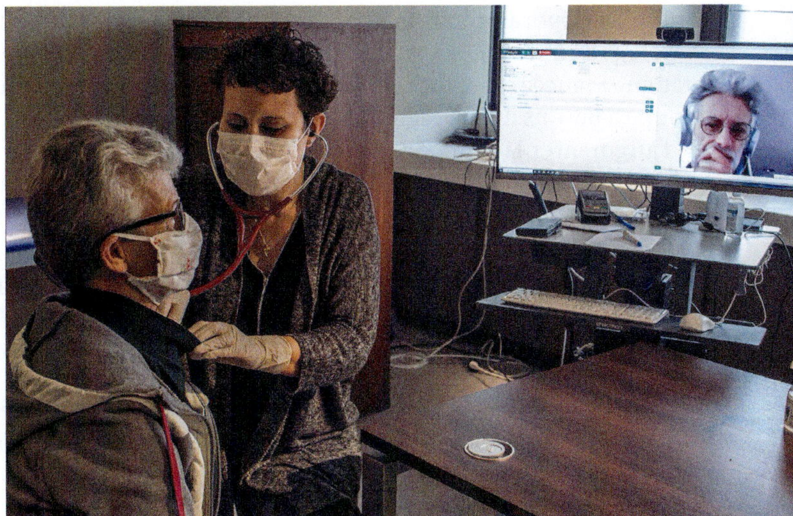

Cabinet de téléconsultation de Châtillon-Coligny, désert médical du Loiret. Une infirmière sur place et un médecin à Montpellier reçoivent une patiente. Avril 2020

© PATRICK GELY/SIPA

des comptes, qui estime que le dispositif s'est révélé non seulement coûteux mais également peu efficace. S'agissant des bourses d'études ou des contrats de praticien territorial de médecine générale (CPTM), qui garantissent aux médecins exerçant en zone sous-dotée des revenus minimaux, on connaît le nombre de bénéficiaires et le coût général du dispositif mais pas le nombre d'installations ou de maintiens de médecins généralistes qu'auraient favorisés ces dispositifs. On peut s'interroger sur l'efficacité de ces contrats CPTM : les médecins en zone sous-dotée ne rencontrent pas de difficulté à gagner des revenus importants tant les besoins de soins y sont élevés.

André Grimaldi

Les diverses incitations financières d'engagement de service public, d'aide à l'installation ou de maintien en zone sous-dotée ont été décevantes. Elles n'ont pas fondamentalement changé la donne pour trois raisons : d'abord, un désert médical est souvent un désert tout court, notamment sans services publics ; ensuite, l'incitation financière ne change pas par elle-même les conditions de travail et les modes d'exercice ; enfin, le médecin libéral qui s'installe dans un territoire a en général l'objectif d'y rester durablement, voire d'y faire toute sa carrière. Sa mobilité professionnelle est beaucoup plus réduite que celle d'un fonctionnaire qui peut changer d'affectation.

■ Quels sont les dispositifs le plus indiqués selon vous pour pallier le manque de médecins (multiplication des assistants médicaux, téléconsultation, centres médicaux, répartition imposée, du moins les premières années d'exercice...)?

Magali Dumontet

Les études sur les maisons de santé suggèrent que ces dernières sont un levier judicieux pour attirer et maintenir des médecins généralistes dans les zones sous-dotées et donc, *in fine*, pour réduire les inégalités territoriales d'offre de soins. En effet, ces maisons sont majoritairement implantées dans les espaces sous-dotés en médecins généralistes libéraux (marges rurales ou espaces périurbains), et on observe des évolutions de la densité de médecins généralistes libéraux plus favorables dans les espaces dotés de maisons de santé comparativement à des espaces similaires qui n'en disposent pas[5]. Toutefois, les maisons de santé ne produisent pas le même effet selon le type de territoire et elles ne suffisent pas dans certaines situations, en particulier dans les marges rurales. Ce constat plaide en faveur de mesures supplémentaires, et pour adapter les réponses aux caractéristiques et aux spécificités des territoires. Enfin, la raréfaction de l'offre médicale combinée à l'augmentation des besoins oblige à fournir davantage de soins avec moins de médecins. Pour y parvenir, plusieurs leviers sont mobilisables. Il est possible d'espérer des gains d'efficience chez les médecins, par exemple grâce à l'exercice pluriprofessionnel ou encore l'arrivée des assistants médicaux. La délégation de certaines tâches est un autre levier rendu possible grâce au travail des infirmières en pratique avancée ou encore grâce à l'autorisation donnée aux pharmaciens formés de vacciner, comme c'est le cas lors de la grippe saisonnière. À titre d'exemple, la délégation de tâches aux infirmières en pratique avancée exerçant dans les cabinets de groupe a permis de libérer du temps médical et d'augmenter la taille de la patientèle des médecins [6]. De plus, la télémédecine, en particulier la téléconsultation, est aussi un moyen de fournir une nouvelle offre de soins dans des zones sous-dotées, notamment pour les soins de spécialités, mais pour l'heure il n'existe pas d'évaluation de l'efficacité de ce dispositif.

André Grimaldi

La réponse à la question des déserts médicaux doit s'inscrire dans le cadre d'une politique d'aménagement du territoire et de réhabilitation des quartiers populaires, en répondant notamment à l'enjeu plus général de la restauration et/ou rénovation des services publics.

“

La médecine moderne doit s'exercer en équipe pluriprofessionnelle

Sur le plan professionnel, la réponse passe par un changement du mode d'exercice. En général, mais tout particulièrement dans les déserts médicaux, la médecine moderne doit s'exercer en équipe pluriprofessionnelle, regroupant médecins, assistants médicaux et paramédicaux (infirmières, sage-femmes, kinésithérapeutes, psychologues, pédicures-podologues, orthoptistes...). Il ne s'agit pas seulement de cabinets de groupe où chaque professionnel garde sa clientèle en partageant seulement les frais de locaux et de secrétariat ; il ne s'agit pas d'une simple coordination entre professionnels travaillant chacun dans son cabinet ; il s'agit, au sein de maisons médicales ou de centres de santé, d'organiser le partage des tâches (avec un dossier informatique mutualisé) entre les médecins et les paramédicaux avec l'aide des assistants médicaux. Ce partage doit concerner en particulier le suivi des patients atteints de maladies chroniques ou soumis à des traitements au long cours (plus du tiers de la population), servir la permanence de soins, l'exécution de missions de santé publique de dépistage, de prévention (notamment par les vaccinations) et de promotion de la santé, en particulier vis-à-vis des populations éloignées du système de santé. Au sein de ces équipes de soins, les infirmières de pratique avancée (ou relevant du dispositif Asalée [7]) doivent jouer un rôle important notamment pour le suivi et l'éducation thérapeutique des patients ayant une maladie chronique. Ces équipes pluriprofessionnelles doivent travailler en concertation avec les pharmaciens, les travailleurs sociaux et les hôpitaux. Dans les quartiers populaires, les équipes des maisons médicales ou des centres de santé doivent pouvoir s'adjoindre les services de médiateurs [8] de santé aptes à tisser des liens avec les élus locaux et les représentants associatifs des différentes communautés afin de développer une « médecine communautaire » (pas communautariste). En la matière, nous avons un grand retard par rapport à des pays comme le Canada. Cette nouvelle pratique médicale fondée sur le travail d'équipe doit être gratifiée d'une rémunération spécifique, sortir du paiement à l'acte du moins pour le suivi des patients atteints de maladies chroniques, et bénéficier de moyens de la part des collectivités territoriales et des agences régionales de santé (ARS) finançant les locaux et les assistants médicaux. Cela suppose une convention spécifique avec la Sécurité sociale.

Reste que, malgré ces propositions attrayantes pour les soignants (dont les médecins), certains territoires resteront déficitaires. Et ce n'est pas à la médecine libérale de satisfaire au droit universel inscrit dans la Constitution d'un égal accès des citoyens à des soins

Xavier Darcos et Roselyne Bachelot-Narquin ont révélé, le 30 septembre 2009, la liste des 26 futurs directeurs des agences régionales de santé après leur nomination en Conseil des ministres

MINISTERE DU TRAVAIL, DE L'EMPLOI ET DE LA SANTE/ FLICKR/CC BY-ND 2.0

de qualité. C'est un devoir de la puissance publique, en l'occurrence de l'État et des ARS, ainsi que des collectivités territoriales et des hôpitaux publics. Il leur appartient de créer des centres publics de santé où les professionnels, médecins et paramédicaux, auraient un statut de praticien ou de personnel hospitalier détaché à plein temps ou à mi-temps, avec une possibilité ultérieure, s'ils le souhaitent, de poursuivre une carrière hospitalière et de changer d'affectation. Ces centres devraient entretenir des liens structurels privilégiés avec les hôpitaux du territoire. Ils pourraient fournir des consultations spécialisées avancées en présentiel ou en distanciel, prises en charge soit par des médecins hospitaliers, soit par des médecins spécialistes libéraux, selon une fréquence adaptée aux besoins. Ces centres devraient pouvoir participer à la formation des étudiants et accueillir des internes en stage. Leur participation à des protocoles d'évaluation et de recherche en santé publique serait un facteur supplémentaire d'attractivité.

La régulation de l'installation des médecins est-elle souhaitable?

Magali Dumontet

Plusieurs pays ont mis en œuvre des mesures coercitives pour améliorer la répartition géographique des médecins. Le principe consiste à définir un niveau de dotation des zones en médecins : de surdotées à sous-dotées. Au Royaume-Uni ou en Allemagne, le système est contraignant : il n'est pas possible de s'installer dans une zone surdotée à moins qu'il y ait un départ de la zone, et, en parallèle, des incitations financières sont octroyées pour les médecins acceptant de s'installer dans une zone sous-dotée. Il ressort néanmoins que la contrainte géographique exercée en Allemagne et en Angleterre ne réduit pas forcément les inégalités territoriales : en effet, on observe que, s'il y a davantage d'installations dans les zones rurales, cela se fait au détriment des petites villes. En France, ce type de dispositif a été mis en place en 2012 pour les infirmiers libéraux, les sage-femmes et les masseurs-kinésithérapeutes. Pour ce qui est des infirmiers, cette décision a permis de réduire la densité médicale dans les zones surdotées et de l'améliorer dans les zones sous-dotées et intermédiaires[9]. Toutefois, ces mesures ont été instaurées dans un contexte d'augmentation croissante des effectifs d'infirmiers libéraux depuis 1999, alors que pour les médecins la densité médicale diminue dans l'ensemble des territoires, et poursuivra sa trajectoire jusqu'à 2027. Ce contexte démographique peut nuire à l'efficacité d'une telle mesure pour les médecins. À titre d'exemple, à l'heure actuelle, en raison du contexte démographique et de la difficulté à trouver des maîtres de stage en zone tendue, la mesure obligeant les internes en médecine générale à effectuer un stage de six mois en zone sous-dotée, votée dans la loi de santé de 2019, peine à s'appliquer. Toutefois ce contexte est amené à changer, puisque, dès 2027, les effectifs ne cesseront d'augmenter. Si l'on souhaite, dans ce nouveau contexte, mettre en place une régulation de l'installation, il convient au préalable d'en fixer les règles dès le début des études de médecine et d'adapter la formation.

André Grimaldi

Dans la mesure où c'est la collectivité qui assure la rémunération des professionnels de santé, il

Manifestation d'internes en médecine générale opposés notamment au stage et à l'installation obligatoires en désert médical. Toulouse, 9 novembre 2022

FRED SCHEIBER/SIPA

paraît logique que l'installation de ces derniers soit soumise à une régulation pour assurer le respect du principe républicain de l'égalité d'accès aux soins. C'est d'ailleurs déjà le cas des infirmiers et des pharmaciens. Mais une telle mesure entraînerait aussitôt un mouvement de protestation et de grève de la majorité des médecins libéraux et des étudiants en médecine. Or, comme le disait Roselyne Bachelot en octobre 2007, « lorsque les étudiants en médecine sont sortis de l'hôpital, c'est aussi facile de les y faire rentrer que de faire rentrer le dentifrice dans le tube ». Raison pour laquelle tous les gouvernements ont reculé. Cependant il est pour le moins choquant que des spécialistes installés en secteur 2 avec des dépassements d'honoraires libres (censément avec « tact et mesure ») aient en plus la liberté de s'installer dans les territoires de santé de leur choix, y compris ceux dont la densité médicale se situe dans le quart supérieur de la distribution. Cela s'appelle « avoir le beurre, l'argent du beurre et le sourire de la crémière ». Au moins devraient-ils, pour pouvoir s'installer dans ces zones, être obligés d'attendre le départ en retraite d'un collègue de la même spécialité. Ce serait un début de régulation. Resteraient libres du choix du lieu de leur installation les médecins en secteur 1, les spécialistes en secteur 2 acceptant un plafonnement négocié de leurs dépassements et un pourcentage imposé de patients vus en secteur 1 (soit l'option pratique tarifaire maîtrisée, OPTAM)… et, bien sûr, les professionnels en secteur 3 hors convention.

■ Trouve-t-on des pays qui soient parvenus à surmonter le problème des déserts médicaux et dont la France pourrait s'inspirer au moins pour partie?

Magali Dumontet

Tous les pays sont concernés par cette question. Personne n'a trouvé de solution miracle. Toutefois, ce qui fait consensus, c'est la nécessité de combiner les mesures (formation, régulation, incitations financières, soutien personnel et professionnel). Par rapport aux autres pays, la France est très en retard sur les dispositifs liés à la formation des étudiants. L'expérience étrangère montre que les mesures permettant de favoriser l'exposition des étudiants à l'exercice rural pendant ou après la formation ou celles agissant sur le recrutement des étudiants issus de zones sous-dotées sont des leviers pour améliorer la répartition future de l'offre. Pour le moment, ces dispositifs ont du mal à être mis en place ou sont inexistants. Ainsi, dans le cas français, en complément des autres mesures adoptées, il semble important d'agir sur la formation des étudiants et sur leur recrutement, notamment en encourageant ceux issus de zones sous-dotées à poursuivre des études de médecine, car ils ont plus de chance de vouloir s'y s'installer.

André Grimaldi

Le Québec a instauré, il y a vingt ans, une régulation avec des pénalités et des incitations financières. Si celle-ci a porté ses fruits au début, elle ne suffit plus aujourd'hui face au manque absolu de médecins. L'Angleterre, quant à elle, a donné plus de responsabilités de soins aux infirmiers. L'Espagne, enfin, a instauré une régulation avec des centres de santé gérés par les différentes communautés autonomes. L'Allemagne dispose certainement du système le plus régulé depuis 1993, avec un découpage en zones dont la densité médicale souhaitée est fixée en fonction de la densité de population, de sa démographie, de son état de santé, des distances, avec une interdiction de dépasser l'objectif de plus de 10 %, tout en évitant à l'inverse le déficit de densité. Cette planification est acceptée très majoritairement par les médecins allemands dans la mesure où ils sont plus nombreux que leurs homologues français et où ils ne sont pas majoritairement payés à l'acte mais à la capitation [10], mais aussi parce qu'ils participent directement à la gestion de ce système et plus généralement à celle du système de santé.

Si la France veut s'inspirer des exemples allemand et espagnol, c'est d'une refondation de son système de santé et de sa « gouvernance » dont elle a besoin. « Sachons nous réinventer, moi le premier », avait dit le président de la République en avril 2020 [11], qui avait évoqué ensuite, alors que la pandémie mondiale amorçait un reflux, la nécessité d'un Conseil national de la refondation. ●

Notes

[1] Magali Dumontet et Guillaume Chevillard, *Remédier aux déserts médicaux*, Éditions Rue d'Ulm, 2020.

[2] Pr André Grimaldi, *L'hôpital nous a sauvés : sauvons-le! 10 mesures pour sauver l'hôpital public*, Odile Jacob, Paris, 2022.

[3] François Tonnellier, « Évolution des inégalités géographiques de la mortalité en France depuis 1911 », *Espace populations sociétés*, vol. 1, n° 9 1991, p. 29-36.

[4] Magali Dumontet et Guillaume Chevillard, *op. cit.*

[5] Guillaume Chevillard et Julien Mousquès, « Medically underserved areas: are primary care teams efficient at attracting and retaining general practitioners? », *Social Science & Medicine*, vol. 287, n° 1, octobre 2021,

[6] Christophe Loussouarn, Carine Franc *et al.*, « Can General Practitioners Be More Productive? The Impact of Teamwork and Cooperation with Nurses on GP Activities », *Health Economics*, vol. 30, n° 3, 2021, p. 680-698.

[7] Action de santé libérale en équipe.

[8] Dans la plupart des cas, ce sont des médiatrices.

[9] Fanny Duchaine, Guillaume Chevillard et Julien Mousquès, « L'impact du zonage conventionnel sur la répartition territoriale des infirmières et infirmiers libéraux en France », *Revue d'économie régionale & urbaine*, n° 5, décembre 2022, p. 747-777.

[10] La capitation est une rémunération annuelle et forfaitaire que le médecin perçoit pour chaque patient.

[11] Allocution radiotélévisée du président Macron, 13 avril 2020.

Le Parlement européen

Marion Gaillard
Docteure en histoire, spécialiste des questions européennes

Institution secondaire dans les débuts de la construction européenne, le parlement de l'Union européenne est élu au suffrage universel depuis 1979. Il a acquis d'importantes prérogatives au fil du temps sans toutefois être l'équivalent d'un parlement national.

En juin prochain se dérouleront les dixièmes élections européennes. Dans les 27 pays de l'Union européenne (UE), les électrices et les électeurs seront donc amenés à choisir leurs représentants pour cinq ans au Parlement européen. Mais, entre les premières élections, en 1979, et celles de ce printemps, les contours et les prérogatives de l'assemblée de Strasbourg ont profondément changé. De la petite Europe économique à neuf, nous sommes passés à une grande Union à vingt-sept, économique certes, mais aussi monétaire et politique. En outre, ce rendez-vous électoral aura lieu dans un contexte extrêmement tendu, alors que l'Union a dû faire face, depuis l'échéance de 2019, à la pandémie de Covid-19 et à la guerre en Ukraine.

Quelle a donc été l'évolution des pouvoirs du Parlement européen depuis la première élection au suffrage universel direct de ses députés, voilà quarante-cinq ans ? Dans quelle mesure est-il devenu un parlement « comme les autres » ? Et quels sont les enjeux majeurs de cette édition 2024 ?

L'élection du Parlement au suffrage universel direct

À l'origine, en 1957, l'Assemblée parlementaire européenne des Communautés – la Communauté économique européenne (CEE), la Communauté européenne de l'énergie atomique (CEEA) et la Communauté européenne du charbon et de l'acier (CECA) – n'a que peu de pouvoir. Elle est en réalité très marginalisée dans le processus décisionnel. Si l'on parle de « triangle institutionnel » (Commission européenne, Conseil des ministres et Parlement européen), le système repose en réalité sur un dialogue Commission-Conseil des ministres, c'est-à-dire sur la confrontation entre l'intérêt général des Communautés, incarné par la première, et les intérêts des États membres, représentés par le second. Cet état de fait ne relève pas d'une volonté antidémocratique des « pères fondateurs » mais plutôt de la prise en compte d'une réalité déjà compliquée. Faire converger les points de vue de six États, autrefois antagonistes, aux cultures politiques différentes et aux situations économiques et sociales dissemblables est proche de l'exploit. Le système tel que conçu par Jean Monnet a donc pour but de faire émerger des compromis par la négociation entre les six gouvernements sur la base d'une proposition de la Commission, qui détient le monopole de l'initiative législative, qu'elle doit exercer dans le sens de l'intérêt global de la Communauté. Une fois les règlements et les directives approuvés par le Conseil des ministres, à l'issue de discussions souvent difficiles, l'assemblée européenne, elle, est simplement consultée, mais les textes n'ont pas besoin *in fine* de son approbation pour être définitivement validés et entrer en vigueur. En outre, l'assemblée européenne est alors composée de membres de parlements nationaux chargés de siéger à Strasbourg quand la situation le nécessite. Étant donné que les compétences de la CEE sont alors restreintes à quelques politiques communes, dont la politique agricole commune, la politique commerciale, la politique de concurrence, ou encore la politique des transports, le nombre de textes législatifs débattus au Conseil et appelant la consultation de l'assemblée est significativement plus faible qu'aujourd'hui. Point n'est donc besoin de faire siéger des députés européens à temps plein.

Pourtant, l'article 138 du traité de Rome prévoyait bien à terme l'élection directe des députés, dont l'assemblée a par ailleurs pris le nom officiel de Parlement européen en 1962. Dès 1960, un projet en ce sens est élaboré par le président de la commission des affaires politiques et des questions institutionnelles de l'assemblée, le Belge Fernand Dehousse. Approuvé par les députés, le rapport de ce dernier reste néanmoins lettre morte. Les réticences sont en effet nombreuses au sein des États membres dans la mesure où une élection du Parlement serait *de facto* l'amorce d'une évolution vers une Europe supranationale. Un Parlement élu serait par essence de nature fédérale et constituerait la seule assemblée transnationale au monde à émaner d'un vote direct des peuples. Cela lui conférerait une légitimité qui impliquerait sans nul doute un accroissement à terme de ses attributions, ôtant ainsi au Conseil et donc aux États leur toute-puissance dans le processus décisionnel.

Relancé en 1972 dans le cadre de la réflexion sur le passage éventuel à une Union européenne et de la préparation de ce qui deviendra la déclaration de Copenhague sur l'identité européenne (1973), ce projet d'élection du Parlement européen au suffrage universel direct est finalement validé en décembre 1974 par les Neufs lors du sommet de Paris. Les réticences françaises levées avec l'arrivée au pouvoir de Valéry Giscard d'Estaing, le consensus devient plus aisé. Pour autant, les débats se poursuivent, y compris au sein du Parlement lui-même, certains s'interrogeant notamment sur le sens d'une élection sans accroissement préalable des pouvoirs du Parlement. Mais une telle modification nécessiterait un nouveau traité, ce qui n'est pas le cas de l'élection, prévue, elle, par le traité de Rome. Dès lors, mieux vaut entériner cette dernière option et miser sur le fait que cela entraînerait ensuite une extension des pouvoirs parlementaires dans le cadre d'une révision du traité. Le Parlement valide donc le principe et les modalités de l'élection en mars 1976, mais le Conseil peine de son côté à trouver un compromis, notamment au sujet de la répartition entre les États du nombre de sièges. Un accord intervient enfin en juillet 1976 et l'acte définitif est signé à Bruxelles en septembre de la même année. Les premières élections peuvent donc enfin avoir lieu en juin 1979 au terme d'un long processus de ratification de l'acte par les pays membres. Sont ainsi élus 410 députés européens au sein des neuf États de la Communauté avec un taux de participation de 62 %. Siégeant par affinité politique et non par pays, les nouveaux parlementaires expérimentent ainsi ce qu'est une démocratie

Simone Veil, élue présidente du Parlement européen le 17 juillet 1979
© BOCCON-GIBOD/SIPA

transnationale et lui donnent corps au fur et à mesure de leurs sessions, faisant éclore ce qui demeure aujourd'hui comme une entité unique au monde, un espace démocratique de délibération collective où résonnent toutes les langues de l'Union, où dialoguent toutes les cultures et toutes les traditions politiques du continent.

Vers des compétences élargies…

Depuis ce premier Parlement démocratiquement élu, qui avait désigné à sa tête Simone Veil, ancienne rescapée d'Auschwitz et symbole en elle-même de l'objectif du projet européen de conjurer le passé, les traités successifs n'ont cessé d'élargir les prérogatives des députés. L'élection a donc bel et bien été le prélude à une évolution du processus décisionnel au profit du Parlement. Il s'est vu doté par l'Acte unique de 1986 de la possibilité d'amender les textes législatifs par la procédure de coopération et de celle d'approuver ou de rejeter, mais sans pouvoir les amender, les accords d'adhésion ou d'association en vertu de la procédure d'avis conforme. Puis le traité de Maastricht de 1992 introduit la procédure dite « de codécision ». Celle-ci permet au Parlement d'amender un texte ou de le rejeter s'il ne parvient pas à un accord avec le Conseil. Il devient dès lors un colégislateur dans de nombreux domaines, qui sont étendus par les traités d'Amsterdam (1997), de Nice (2001) et de Lisbonne (2007). Ce dernier traité consacre la procédure de codécision en lui donnant le nom de « procédure législative ordinaire ». Sur l'essentiel des sujets, le Parlement a ainsi désormais son mot à dire et doit être entendu. Cette évolution, qui représente une modification profonde de la méthode Monnet qui avait présidé aux débuts des Communautés, a permis à l'UE de combler progressivement le déficit démocratique dont elle était accusée depuis les années 1990. À l'élargissement des compétences de l'Union devait répondre une démocratisation de ses processus décisionnels. C'est chose faite.

Mais les traités vont plus loin. Ils donnent aussi aux députés une voix dans la désignation de la présidence de la Commission et des commissaires. En effet, si le président de la Commission était auparavant désigné par les chefs d'État et de gouvernement, les traités de Maastricht et d'Amsterdam ont imposé à ces derniers de choisir celui-ci en tenant compte du résultat des élections européennes et de faire approuver leur choix, ainsi que celui concernant les commissaires, par les députés, ce qui renforce leur pouvoir de contrôle sur l'exécutif européen, pouvoir classique d'un parlement dans toutes les démocraties modernes à côté du pouvoir de voter la loi. Or les députés se sont pleinement saisis de ce nouveau pouvoir. Les auditions des candidats commissaires sont loin de n'être que de pures formalités. Elles sont un vrai test de leurs compétences, les soumettant à des questions techniques très pointues dans les domaines relevant du portefeuille pour lequel ils sont pressentis. Elles ont aussi pour but de vérifier la pertinence de leur profil et de leur intégrité, ce qui a coûté leur nomination à l'Italien Rocco Buttiglione en 2004 et à la Française Sylvie Goulard en 2019, tous deux contraints de renoncer finalement. Par ailleurs, le traité de Lisbonne ayant précisé que le Parlement « élit » le président de la Commission, les partis politiques européens s'étaient en 2014 entendus sur le principe des *Spitzenkandidaten*. Il s'agissait pour chaque groupe politique de désigner une tête de liste qui serait amenée à être désignée comme président ou présidente de la Commission en cas de victoire de son parti aux élections. Rejeté en grande partie par les chefs d'État et de gouvernement, qui se sont sentis dépossédés de leur droit de proposer au Parlement la personne qui occuperait ce poste, ce système a finalement réussi à s'imposer. Il était en effet difficile pour les dirigeants européens de ne pas s'y plier alors qu'avait été organisé un débat entre ces têtes de liste et que leurs noms figuraient sur les bulletins de vote. C'est ainsi que Jean-Claude Juncker, candidat du Parti populaire européen (PPE), arrivé en tête lors du scrutin, est devenu président de la Commission en 2014. Fort de ce succès, le Parlement a voulu réitérer l'expérience en 2019. Mais cette fois, s'appuyant sur l'impopularité de Manfred Weber, chef de file du PPE qui était encore arrivé en tête, le Conseil européen[1] a choisi de s'affranchir de ce nouveau système pour nommer Ursula von der Leyen, plus apte à trouver une majorité. Cette nouveauté représentait pourtant un pas important vers une européanisation du scrutin et pouvait renforcer à terme l'intérêt des citoyens pour cette consultation souvent boudée par les électeurs.

Dernier pan fondamental, le vote du budget, qui a même été au cœur des processus de parlementarisation des monarchies européennes au cours des siècles passés. Or l'assemblée de Strasbourg n'avait guère de pouvoir en la matière. Elle n'avait son mot à dire que sur ce que l'on appelait les « dépenses non obligatoires » (essentiellement les fonds structurels), ce qui n'était pas sans importance, mais ne pouvait se prononcer sur les dépenses dites « obligatoires », c'est-à-dire celles découlant des politiques communes inscrites dans le traité de Rome, essentiellement la PAC, dont les fonds représentaient pourtant plus de la moitié du budget. Le traité de Lisbonne, en mettant fin à cette distinction obsolète entre les deux catégories de dépenses, offre au Parlement le pouvoir de voter toutes les dépenses de l'Union.

… mais un Parlement encore dépourvu de certaines prérogatives

Dès lors, aujourd'hui, près de sept décennies après le traité de Rome, le Parlement européen n'a plus rien à voir avec l'Assemblée parlementaire des origines. Il est doté de pouvoirs législatifs et budgétaires étendus et du pouvoir de contrôle. Pour autant, il lui manque encore certaines prérogatives d'ordinaire dévolues à un parlement. Tout d'abord, celle de voter les recettes de l'Union, puisqu'il n'existe pas d'impôt sur le revenu européen. Cela n'est pas sans poser problème, car le vote de l'impôt est un élément essentiel de la démocratie, qui a d'ailleurs été central dans les processus de démocratisation des XVIIIe et XIXe siècles. On pourrait ainsi inverser la célèbre formule américaine « *No taxation without representation* » pour avancer que le Parlement ne peut réellement se targuer de représenter les peuples sans disposer d'un pouvoir fiscal. Néanmoins, le Parlement partage avec le Conseil le pouvoir d'adopter le budget annuel de l'UE, et surtout celle-ci a franchi ces dernières années des étapes décisives avec la création de la taxe plastique et de la taxe carbone aux frontières, dont les modalités ont été approuvées par le Parlement. Reste la question de l'initiative législative, dont ce dernier ne dispose pas formellement. En effet, le traité de Rome en réservait le monopole à la Commission en tant qu'incarnation de l'intérêt général, afin d'éviter qu'une législation puisse être proposée et votée par une coalition d'États au détriment des intérêts de leurs partenaires. Le traité de Maastricht ouvre la possibilité pour les députés de demander à la Commission de soumettre une proposition de loi, ce qui constitue une première avancée quant à l'enjeu essentiel de rapprocher pleinement le Parlement européen de ses homologues nationaux. Des voix se sont d'ailleurs fait entendre ces derniers temps en faveur d'un droit formel d'initiative législative, réforme notamment soutenue par la coalition au pouvoir en Allemagne.

Des élections européennes déterminantes

L'histoire du Parlement européen est donc celle d'une montée en puissance indéniable et d'une extension de ses pouvoirs aux dépens de ceux du Conseil, qui décidait auparavant largement seul, mais aussi de la Commission, qui se trouve davantage sous son contrôle. Dès lors, cette évolution majeure rend d'autant plus importantes les prochaines élections européennes, puisqu'elles contribueront à déterminer qui dirigera la Commission européenne dans les cinq prochaines années, qui la composera et quels textes seront finalement votés ou non. Il s'agit donc bien de choisir l'orientation politique de l'Union. Certes les citoyennes et citoyens de chacun des États membres ne peuvent influer sur la composition du Conseil européen et du Conseil des ministres, car ceux-ci n'ont pas la faculté de choisir qui gouverne les 26 autres pays formant l'Union, mais ils ont le pouvoir de choisir la composition du Parlement, donc l'orientation des politiques publiques de l'UE. À chacune et chacun de s'en saisir. ●

Notes

[1] Le Conseil européen réunit les chefs d'État et chefs de gouvernement des 27 États membres ainsi que son président (actuellement Charles Michel) et la présidente de la Commission de l'Union, Ursula von der Leyen. Cette institution définit les orientations et les priorités politiques de l'Union européenne.

Pour aller plus loin

Article de Vie publique : «Dix questions sur les élections européennes de juin 2024».

https://www.vie-publique.fr/questions-reponses/269405-10-questions-sur-les-elections-europeennes-de-juin-2024.

Musée d'art et d'histoire de COLOMBES

Le centenaire des jeux Olympiques de Paris

Olivier Gaudefroy
Écrivain et auteur de l'ouvrage *Paris 1924. Un été de jeux Olympiques*[1]

Cet été, la France accueillera les XXXIIIe Olympiades de l'ère moderne. Parallèlement à cet événement, nous célébrerons le centenaire des Jeux de Paris 1924. Ceux-ci, organisés six ans seulement après la fin de la Grande Guerre, sont perçus comme les prémices d'une nouvelle ère pleine de promesses de « paix universelle » et de prospérité.

Du 26 juillet au 11 août 2024 se tiendra la XXXIIIe édition des jeux Olympiques de l'ère moderne depuis la recréation des jeux Olympiques de la Grèce antique inaugurés par le baron Pierre de Coubertin. La première édition de ces jeux rénovés, également appelés « Jeux de la première olympiade », eut lieu à Athènes, en avril 1896, afin de rendre hommage au pays qui a vu naître cette compétition sportive mythique. La deuxième se tint à Paris en 1900, laquelle, étalée sur une longue période, de mai à octobre, fut organisée en parallèle de l'Exposition universelle. Cette malavisée coïncidence se révéla un véritable fiasco, en faisant passer les Jeux au second plan et en raison d'un trop grand amateurisme des organisateurs et des participants. De plus, la présence de compétitions fantaisistes comme le tir au canon au polygone d'artillerie de Vincennes ou le controversé tir aux pigeons vivants, transformant le bois de Boulogne en charnier à ciel ouvert[2], n'aida pas à leur renommée.

Paris 1924, les Jeux de la seconde chance

L'œuvre de Pierre de Coubertin

Piqué dans son orgueil, Coubertin, à la tête du Comité international olympique (CIO) depuis sa création, en 1894 (il passa la main après les Jeux de 1924), pesa de tout son poids de fondateur de l'organisation mondiale pour que soit donnée une nouvelle chance à Paris en lui accordant l'organisation des Jeux de 1924, censés réparer l'image désastreuse laissée par l'édition de 1900. Une décision polémique qui fut actée lors d'un vote à Lausanne, le 2 juin 1921, à l'occasion de la 19e session du CIO. Les villes d'Amsterdam ou encore de Los Angeles figuraient pourtant parmi les candidates favorites pour accueillir cette huitième édition des Jeux. En compensation, ces dernières furent désignées pour organiser respectivement ceux de 1928 et de 1932.

Malgré ce passage en force, Coubertin est confronté à l'apathie des autorités parisiennes, qui semblent peu enthousiastes pour se saisir de cette seconde opportunité. Agacé, le baron finit par menacer de déplacer la compétition à Lyon. La réaction ne se fait pas attendre, et dès lors des travaux visant à l'extension des capacités d'accueil du public du stade de Colombes[3] (Hauts-de-Seine) sont décidés, les faisant bientôt passer de 10 000 à 45 000 places. De même sont édifiés, pour la première fois dans l'histoire des Jeux, un village olympique fait de cabanes en bois

> Coubertin est confronté à l'apathie des autorités parisiennes

pour l'hébergement des athlètes et une gare à dix minutes du stade. D'autres équipements sont construits, notamment la piscine des Tourelles, dans le 20e arrondissement, prévue pour accueillir les épreuves de natation, tandis que des structures déjà existantes sont mises à disposition de la compétition comme le Vélodrome d'Hiver (15e arrondissement) pour les sports d'intérieur ou bien le bassin d'Argenteuil (Val-d'Oise) pour l'aviron. À l'époque, la France réussit à faire coup double en obtenant non seulement l'organisation des Jeux d'été mais en étant aussi désignée pour organiser les premiers Jeux d'hiver de l'histoire. Ces derniers se déroulèrent à Chamonix, du 25 janvier au 5 février 1924.

Un contexte particulier

En cette année 1924, placée sous le signe de l'olympisme, la France se remet à peine du traumatisme de la Première Guerre mondiale, qui coûta la vie à près de 1,7 million d'hommes appelés sous les drapeaux et en laissa plus du

Statue de Pierre de Coubertin dans le parc du Centenaire (Centennial Olympic Park) d'Atlanta, en Géorgie

double blessés, invalides, amputés ou mutilés. En moyenne, ce sont près de 900 soldats français qui mouraient chaque jour sur les champs de bataille pendant les quatre années et plus que dura le conflit. Pas une famille ne fut épargnée par le malheur, perdant tantôt un mari, tantôt un père ou un frère.

En 1924, les plaies du passé sont loin d'être toutes refermées. Ainsi la présence de l'Allemagne à ces Jeux n'est-elle pas souhaitée, malgré l'avis contraire de Coubertin, les autorités françaises arguant ne pas être en mesure de garantir la sécurité des athlètes germaniques. Le retour de l'Allemagne à des jeux Olympiques dut attendre l'édition de 1928 à Amsterdam. *A contrario*, dès 1924, l'équipe olympique irlandaise participa à la compétition en tant que nation indépendante du Royaume-Uni, résultat de la création de l'État libre d'Irlande, le 6 décembre 1921.

À la veille de l'ouverture des Jeux de 1924, la France est entrée dans un « chrononyme » qui a été qualifié par la suite d'« Années folles » et qui se déploie de 1920 à 1929, au lendemain du krach à la Bourse de New York, qui fixe le début de la grande dépression. Outre-Atlantique, elles prirent le nom de *Roaring Twenties* (les « années 1920 rugissantes »). En outre, la décennie voit naître un intérêt grandissant pour le jazz, est témoin d'une certaine libération des mœurs, de la démocratisation de l'électricité, du triomphe de l'Art déco et des prémices d'une première forme d'émancipation féminine avec ses fameuses « garçonnes » aux cheveux courts[4]. Le but affiché au cours de ces années débridées est d'ériger l'exubérance en mode de vie. L'icône en France de cette période est la « Vénus d'ébène », Joséphine Baker, première star afro-américaine et vedette de la *Revue nègre*, qui fit la réputation du Théâtre des Champs-Élysées. Aux États-Unis, l'écrivain Francis Scott Fitzgerald se fait l'écho du phénomène avec son roman devenu mythique, publié en 1925, *Gatsby le Magnifique*. L'expression « Années folles » est cependant trompeuse, car dans l'Hexagone, si une certaine jeunesse dorée et principalement parisienne, soucieuse de tourner la page des horreurs de la guerre et des soubresauts du retour à la paix, s'enivre, fait la fête et si, par ailleurs, une parenthèse artistique enchantée s'épanouit – justifiant plus que jamais le surnom de « Ville Lumière » donnée à Paris –, la très grande majorité de la population, provinciale, reste fort éloignée de ces préoccupations. Celle-ci, rurale ou ouvrière, vit encore humblement et la finalité des classes modestes n'est pas de s'étourdir dans des fêtes onéreuses mais de savoir comment boucler des fins de mois toujours délicates. De telles disparités sociales expliquent que la France a basculé à gauche, gouvernée par un exécutif issu d'une coalition socialiste et radicale depuis les élections législatives de mai 1924, qui a écarté la droitière « Chambre bleu horizon » élue au lendemain de la guerre.

Dans un premier temps, l'opinion publique est circonspecte devant un événement dont elle craint qu'elle ne ruine les finances publiques, en particulier celles de la Ville de Paris. Les Parisiens préfèreraient ainsi que le budget de la municipalité soit consacré en priorité à la remise en état des rues de la capitale plutôt qu'au financement d'une manifestation certes prestigieuse mais somme toute éphémère. Néanmoins, la perspective de voir Paris et la France rayonner et devenir pendant les trois semaines de compétition le centre d'intérêt du monde entier fait que majoritairement le rendez-vous olympique n'est pas remis en cause par la population française. Malgré cet intérêt, l'événement olympique est en concurrence avec d'autres rendez-vous sportifs très populaires comme le Tour de France ou des compétitions sportives ouvrières qui bénéficient d'un relais de poids grâce à la presse communiste[5].

Citius, Altius, Fortius

Coup d'envoi

La classique cérémonie d'ouverture a lieu le 5 juillet au stade de Colombes sous le patronage du président de la République, Gaston Doumergue, qui, à 15 heures, par des mots fort protocolaires, déclare ouvertes trois semaines de compétition, fixées du 5 au 27 juillet : « Je proclame l'ouverture des jeux Olympiques de Paris, célébrant la VIIIe Olympiade de l'ère moderne[6]. » S'ensuivent, au son des trompettes et du canon, un lâcher de pigeons puis la levée du drapeau olympique au sommet de son mât. Bien loin du spectacle grandiose attendu sur la Seine pour l'ouverture des Jeux de Paris 2024, la cérémonie au stade Colombes en 1924 peut sembler bien modeste. C'est en effet devant un parterre d'au moins 20 000 personnes que se déroula le défilé des nations, représenté par 3 000 athlètes venus de près de 43 pays (soit toutefois le double de l'édition précédente de 1920, organisée à Anvers). Ordre alphabétique oblige, c'est l'Afrique du Sud, drapeau britannique en tête, qui ouvrit

Le village olympique de Colombes est un ensemble de baraquements en bois
AGENCE ROL/ PUBLIC DOMAIN

le bal, refermé quelques minutes plus tard par la Yougoslavie. Le serment olympique fut prêté, au nom de tous les compétiteurs, par l'athlète français double médaillé olympique George André.

L'édition de 1924 n'a toutefois pas à rougir par rapport à sa grande sœur de 2024. Certes seulement 15 millions de francs de l'époque ont été mobilisés pour l'organisation de cette VIIIe Olympiade, dont seulement six par l'État, en raison de finances publiques plombées par les années de guerre avec un endettement officiel qui atteignait 196 % du produit intérieur brut – il faut ici rappeler que l'époque devait aussi faire sans l'aide massive de sponsors et de mécènes. Certes les athlètes, tous amateurs, ne débordaient pas de muscles, et la plupart devaient se débrouiller pour s'entraîner avec les moyens du bord, mais il existait déjà de véritables « vedettes » des stades, admirées et adulées. L'édition olympique de 1924 est, à bien des égards, celle des nations européennes ou de terres anciennement colonisées par une population blanche devenue majoritaire comme les États-Unis, le Canada, l'Australie ou la Nouvelle-Zélande, voire dominées par les élites blanches comme l'Afrique du Sud. Cependant ces Jeux voient aussi la première médaille d'or individuelle remportée par un Afro-Américain avec la victoire au saut en longueur de William DeHart Hubbard, ainsi que l'essor de quelques pays émergents comme Haïti ou le royaume d'Égypte.

“

Il existait déjà de véritables « vedettes » des stades, admirées et adulées

La plus flagrante différence entre les Jeux de 1924 et ceux de 2024 est la place réservée aux

Cérémonie d'ouverture des Jeux de Paris au stade olympique de Colombes, le 5 juillet 1924
AGENCE ROL/ PUBLIC DOMAIN

femmes dans le milieu olympique. Si en 2024 la parité femmes-hommes sera quasi assurée, en 1924 on ne comptait que 135 participantes, soit seulement 4 % de l'ensemble des athlètes, cantonnées en outre à un nombre restreint de disciplines. L'édition parisienne voit malgré tout l'apparition pour la première fois d'une épreuve d'escrime féminine avec le fleuret. Le conservatisme de cette édition parisienne devait beaucoup à l'intransigeance du baron Pierre de Coubertin, qui n'était pas partisan de la participation des femmes dans le sport[7]. Le mouvement vers l'égalité femmes-hommes sera lent et progressif. Le départ de Coubertin du CIO après les Jeux de Paris permit l'ouverture d'une première brèche avec l'admission des femmes aux épreuves reines de l'athlétisme dès les Jeux d'Amsterdam de 1928. Il ne faudrait pas malgré tout se montrer trop sévère envers ces Jeux de 1924, qui ont, par ailleurs, fait preuve d'innovation en instaurant officiellement la devise olympique *Citius, Altius, Fortius* (« Plus vite, plus haut, plus fort »), ainsi qu'une levée de drapeaux lors de la cérémonie de clôture du 27 juillet au cours de laquelle furent hissés l'emblème du Comité international olympique, celui du pays hôte et celui de la nation organisatrice à venir.

Une édition mémorable… mais non sans quelques déconvenues

Bien que la cérémonie d'ouverture fût organisée le 5 juillet, certaines épreuves olympiques avaient commencé bien avant au grand étonnement de la presse de l'époque. Il en est ainsi des sports d'équipe comme le football et le rugby, mais également du fleuret, du polo et du tir sportif. Les deux sports collectifs ont même vu leur finale se disputer avant le début officiel de Paris 1924. Le 9 juin, au stade de Colombes devant 40 000 spectateurs, la redoutable équipe de football de l'Uruguay s'était ainsi facilement imposée en finale face à la Suisse par

3 buts à 0. La « Celeste » avait éliminé la France en quarts de finale sur un score sans appel de 5 buts à 1. Côté rugby, le tournoi, qui avait débuté dès le 4 mai, marquant ainsi le commencement des compétitions olympiques, est boycotté par désintérêt ou par manque de moyens financiers par les meilleures nations anglo-saxonnes. Une absence qui laissait envisager une victoire facile des Français dans le tournoi. Il n'en fut rien. À la surprise générale, la finale se termina par la victoire des États-Unis par 17 points à 3 face à une équipe de France en mal d'inspiration. Une défaite d'autant plus surprenante que la sélection nord-américaine était composée de joueurs de basket et de football américain issus d'universités californiennes. Le public du stade de Colombes, frustré par ce camouflet, s'en prit physiquement à quelques spectateurs américains, ce qui entraîna de graves échauffourées [8]. C'est sur ce triste spectacle, digne de certains matchs de football contemporains, que prit fin l'inscription du rugby à XV au programme olympique.

Julie Vlasto (à droite), finaliste française du simple dames de tennis en 1924, ici avec Suzanne Lenglen
AGENCE DE PRESSE MEURICE/PUBLIC DOMAIN

Des performances sportives inédites

La percée de deux vedettes

Heureusement, les trois semaines d'Olympiade n'eurent pas à subir de faits aussi navrants. Bien au contraire. Ces Jeux furent marqués par la suprématie de deux grands sportifs, hégémoniques dans leurs disciplines respectives... l'un était américain et l'autre, plus étonnant, finlandais. Nation pauvre et peu développée en 1924, la Finlande dominait pourtant sans partage les épreuves exigeantes que sont les courses de fond, de demi-fond et le marathon. Parmi ces « Finlandais volants », expression née dans les années 1920 pour souligner les insolentes qualités de ces athlètes scandinaves, se détache un nom : celui de Paavo Nurmi. L'athlète finnois remporta aux Jeux de Paris cinq médailles d'or sur sept visées. Toutes les courses auxquelles il participa se tinrent en six jours consécutifs, ce qui montre l'ampleur de l'exploit accompli. C'est ainsi que, le 8 juillet, Nurmi prit part à une demi-finale du 5 000 mètres et, le jour suivant, à celle du 1 500 mètres. Le 10, il remporta à trois quarts d'heure d'intervalle deux médailles d'or lors des finales de ces deux mêmes épreuves tout en battant à chaque fois le record olympique. Le 11, il participa à la demi-finale par équipes du 3 000 mètres, avant que, le 12, il ne remporte l'épreuve du 10 000 mètres en cross-country par équipes, qui eut lieu sous une chaleur accablante. Le 13, il gagna sa quatrième médaille d'or au 3 000 mètres et sa cinquième dans le 10 000 mètres individuel en cross-country. Paavo Nurmi était un athlète d'exception qui, en trois olympiades (1920, 1924 et 1928), s'adjugea neuf médailles d'or, un record qui ne fut égalisé que par l'Américain Carl Lewis. Et encore ce dernier dut-il accomplir l'exploit en quatre olympiades (1984, 1988, 1992 et 1996). En 1924, seul le Finlandais Ville Ritola fut en mesure de rivaliser avec son compatriote, le devançant en finale du 10 000 mètres et du 3 000 mètres steeple.

L'autre grande vedette de ces Jeux de Paris 1924 n'est autre que Johnny Weissmuller, immigré hongrois sans papiers naturalisé américain, qui deviendra par la suite le Tarzan de la Metro-Goldwyn-Mayer (1932). Celui-ci étouffa les épreuves de natation en remportant trois médailles en or dans les épreuves des 100 et 400 mètres nage libre ainsi qu'au relais 4 x 200 mètres et s'adjugea une médaille de bronze avec l'équipe américaine de water-polo. Quatre ans plus tard, à Amsterdam, sa domination restait intacte : il monta à deux reprises sur la première marche du podium, portant ainsi son palmarès à cinq médailles d'or.

Le palmarès français

Du côté des Tricolores, certaines choses semblent immuables malgré cent ans d'écart avec le sport français actuel. L'escrime était déjà une valeur sûre qui donna à la France six médailles (3 en or et 3 en argent) dont cinq remportées par le seul Roger Ducret (parmi lesquelles 3 en individuel), de même que l'aviron avec trois médailles d'argent ou le cyclisme avec six médailles (4 en or et 2 en bronze). En 1924, la gymnastique tira son épingle du jeu avec une belle contribution de six médailles (une en or, 4 en argent et une en bronze), ainsi que le tennis avec quatre médailles (3 en argent et une en bronze). Concernant cette dernière discipline, elle fit là sa dernière apparition, avant son grand retour à Séoul en 1988. Il est à noter que tous les membres de la fameuse équipe des « Mousquetaires » montèrent sur le podium : Henri Cochet en simple (médaille d'argent), le même Cochet en duo avec « Toto » Brugnon (médaille d'argent), Jean Borotra et René Lacoste en double également (médaille de bronze). Au total, la France obtint 38 médailles dont 13 en or, devancée par l'étonnante Finlande avec 37 médailles dont 14 en or et les déjà intouchables Américains avec leurs 99 médailles dont 45 en or.

Un retentissement certain

Un traitement médiatique sans précédent

Les Jeux de Paris 1924 doivent une partie de leur postérité au succès du film *Les Chariots de feu (Chariots of Fire)*, sorti en 1981, un long-métrage réalisé par le cinéaste britannique Hugh Hudson. L'œuvre s'inspire de l'histoire des athlètes britanniques Eric Liddell et Harold Abrahams, vainqueurs respectifs des épreuves du 400 et du 100 mètres après avoir échangé leurs places à la suite du refus du premier de concourir un dimanche pour des motifs religieux. Après les Jeux de Paris, Liddell devint missionnaire évangélique en Chine. C'est en ces terres lointaines qu'il est fait prisonnier en 1943 par les Japonais et qu'il meurt dans un de leurs camps d'internement, en 1945, d'une tumeur au cerveau. Ce dernier aspect de sa vie a aussi fait l'objet d'une adaptation au cinéma sous le titre *Les Ailes de la victoire*, réalisée par Stephen Shin et Michael Parker et sortie en 2018.

12 juillet 1924 : Paavo Nurmi survole le cross-country individuel, qu'il remporte avec plus d'une minute d'avance sur son dauphin
AGENCE ROL/ PUBLIC DOMAIN

Malgré quelques imperfections comme un manque de spectateurs lors de certaines épreuves en raison de prix excessifs ou d'horaires parfois inadéquats, ces Jeux parisiens des Années folles furent globalement un succès. Leur médiatisation n'y est sans doute pas pour rien, et Paris 1924 amorce d'une certaine façon le début du sport spectacle dans l'olympisme. Ces Jeux ont été les premiers à avoir connu un certain retentissement tant national qu'international. Pour la première fois, des journalistes du monde entier, près de mille, sont appelés à suivre les compétitions et à en rapporter le déroulement. La photographie est aussi mise à l'honneur. Quant aux sportifs, ils ont été le plus souvent à la hauteur. Si des champions comme Nurmi, Ritola, Weissmuller et bien d'autres entrèrent dans la légende, c'est aussi parce que leurs exploits purent bénéficier d'un écho formidable, magnifiés et amplifiés par les rapports quotidiens des journaux mais aussi par le cinéma, qui en grava les gestes sur pellicule, et par la radio, qui diffusa certaines compétitions en direct par la TSF (transmission sans fil). C'est ainsi que l'intrépide reporter de la station privée de Radio Paris Edmond Dehorter n'hésita pas à commenter certaines épreuves de la nacelle d'un ballon captif pour quelques auditeurs privilégiés.

Paris 2024, dans les traces des Jeux de 1924

Les principaux équipements sportifs utilisés alors restent, cent ans plus tard, opérationnels. Si le Vélodrome d'Hiver a été démoli en 1959, le bassin d'Argenteuil dans lequel se sont déroulées les épreuves d'aviron existe encore et continue d'être utilisé par certains clubs franciliens, de même que le stade de Colombes, renommé depuis stade Yves-du-Manoir, dont le Racing Club de France fut le locataire jusqu'en 2017 pour ses matchs de rugby à domicile. Cet été, ce dernier accueillera le tournoi olympique de hockey sur gazon, clin d'œil symbolique à l'égard d'un stade emblématique des Jeux d'il y a cent ans. Quant à la piscine des Tourelles, aujourd'hui piscine Georges-Vallerey, elle n'accueille plus de compétitions internationales mais simplement des manifestations régionales tout en restant un centre aquatique très prisé des Parisiens.

Cet été, près de trente-six sites olympiques, principalement localisés à Paris et en banlieue parisienne, attendent la venue de 10 000 athlètes au moins de près de 200 pays pour une nouvelle Olympiade pleine de promesses. Paris 1924 a été des Jeux riches en exploits, faits marquants et autres surprises, comme seul sait en offrir le sport. L'édition 2024 sera, à n'en pas douter, dans la même veine, et tout aussi passionnante !

Notes

[1] Caban, octobre 2023.

[2] André Drevon, *Les jeux Olympiques oubliés. Paris 1900*, CNRS Éditions, Paris, 2000, p. 87-88.

[3] Actuel stade Yves-du-Manoir.

[4] Elles sont désignées sous le terme de *flappers* aux États-Unis. La star hollywoodienne des années 1920 Louise Brooks en est la figure emblématique.

[5] Michaël Attali et Évelyne Combeau-Mari (dir.), *Le Sport dans la presse communiste*, Presses universitaires de Rennes, 2013, Rennes, p. 53.

[6] *Le Petit Journal*, 4 juillet 1924, p. 1.

[7] « Nous estimons que les jeux Olympiques doivent être réservés aux hommes », Pierre de Coubertin, *La Revue olympique*, n° 79, juillet 1912, p. 109.

[8] *Le Populaire*, 20 mai 1924, p. 3-4.

Pour aller plus loin

Olivier Gaudefroy, *Paris 1924. Un été de jeux Olympiques*, Caban, 2023.

NOUVELLES FORMULES D'ABONNEMENT

Choisissez la formule qui répond à vos attentes !

Premium — **50 €**

1 an - 6 numéros
Chaque numéro sous deux formats : papier et numérique
+ accès aux anciens numéros au format numérique
+ contenu additionnel exclusif

Classique — **42 €**

1 an - 6 numéros
Chaque numéro au format papier

Numérique — **24 €**

1 an - 6 numéros
Chaque numéro au format numérique

Découverte — **20 €**

3 numéros
Chaque numéro au format papier

Étudiant — **32 €**

1 an - 6 numéros
Chaque numéro au format papier
**Nécessite un justificatif de scolarité*

Abonnez-vous en ligne!

Également disponible au numéro
en kiosques, en librairies et sur Vie-publique.fr

A retourner à **EDIIS-CRM** \ Abonnements DILA \ 60643 Chantilly Cedex ou par courriel à abo.dila@ediis.fr

Je règle mon (mes) abonnement(s) :

☐ Par chèque bancaire joint à l'ordre de Ediis-CRM

☐ Par carte bancaire N° ______

Date d'expiration ______

N° de contrôle ______
(indiquer les trois derniers chiffres situés au dos de votre carte bancaire, près de votre signature)

☐ Par virement :
IBAN FR76 3000 4024 8300 0111 4554 986

☐ A réception de facture

Raison sociale ______

Nom ______ Prénom ______

Adresse ______

______ (bât, étage...) ______

Code postal ______ Ville ______ Pays ______

Téléphone ______ Courriel ______

Ci-joint mon règlement de ---------------------- €

Date **Signature**

ABOPUBCF23

Tarifs applicables jusqu'au 31 décembre 2024. Les institutions bénéficient d'une remise de 10 % sur le prix public. Offres valables exclusivement en France métropolitaine.
Informatique et libertés – Conformément à la loi du 6.1.1978, vous pouvez accéder aux informations vous concernant et les rectifier en écrivant au département des éditions et du débat public / Pôle Promotion-diffusion.
Ces informations sont nécessaires au traitement de votre commande et peuvent être transmises à des tiers, sauf si vous cochez ici ☐